Bilder-Geschichte

Geschichte in Bildern und Situationen

Von den Römern bis zum Jahr 1945

Milly Hamacher
Ulrich Hecker
Wilhelm Nüchter

Verlag an der Ruhr

Impressum

Autoren: Milly Hamacher
Ulrich Hecker
Wilhelm Nüchter

Redaktion: Johannes-Peter Meier
Satz und Layout: Andrea Tüch-Knoblich
Titelbild: Judith Tüch
Druck: Druckerei Nolte, Iserlohn

Verlag: ***Verlag an der Ruhr***
Postfach 10 22 51
45422 Mülheim an der Ruhr
Tel.: 0208 / 49 50 40
Fax: 0208 / 495 0 495

ISBN 3-86072-221-2

Ein weiterer Beitrag zum Umweltschutz:

*Das Papier, auf dem dieser Titel gedruckt ist, hat ca. **50% Altpapieranteil**, der Rest sind **chlorfrei** gebleichte Primärfasern.*

Inhalt

Geschichte mit Sinn und Sinnlichkeit

Anregungen für die Praxis des Geschichtsunterrichts

Klagen über die fehlende Motivation von SchülerInnen im Geschichtsunterricht füllen Hunderte von Seiten fachdidaktischer Literatur. Als „Therapie" wird eine Öffnung des Geschichtsunterrichts empfohlen: mehr Bezug auf die Erfahrungen und Interessen der SchülerInnen, mehr „Sinnlichkeit" und „Be-Greifbarkeit", Schwerpunkt auf einem fragenden und Fragen provozierenden Unterricht.

Warum eigentlich Geschichte lernen? Die Frage scheint beantwortet. Doch der Schein trügt - das wissen viele LehrerInnen aus der Praxis. Im Geschichtsunterricht soll möglichst umfassend und in zeitlicher Abfolge „das Wichtigste" aus „der Geschichte" vermittelt werden. Das prägt unsere Geschichtsbücher seit über 150 Jahren. Die Chronologie scheint festzustehen. Aber: Ist den SchülerInnen die „Reichskristallnacht" wirklich „näher" als die Punischen Kriege? Immerhin: Ging es in der Vergangenheit im Geschichtsunterricht vor allem um die Rechtfertigung bestehender Verhältnisse, geht es heute unter dem Begriff „Wissenschaftsorientierung" um die Bewältigung von Fakten, Informationen und abstrakten Zusammenhängen. Alles soll „irgendwie" zur Sprache kommen, das Geschichtsbuch „durchgenommen" werden - und geht am Bewußtsein der meisten SchülerInnen vorbei. Sie kommen nicht mehr zu Wort, ihre Fragen ertrinken in der Fülle an Stoff und für sie bedeutungslosen Informationen.

Vorwort

Aus der Kenntnis der ideologischen Indienstnahme des Geschichtsunterrichts in der Vergangenheit hat die aktuelle Geschichtsdidaktik Konsequenzen gezogen. Im Geschichtsunterricht soll Überliefertes einer kritischen Prüfung hinsichtlich der in ihm enthaltenen Interessen unterzogen werden. Die gegenwärtige Gesellschaft soll durch die Betrachtung ihrer Vorgeschichte als geworden und damit veränderbar erkennbar werden, Beispiele aus der Vergangenheit sollen neue Sichtweisen für die Auseinandersetzung mit gegenwärtigen Problemen eröffnen. Solche Absichten sind sicher zustimmungswürdig. Der Geschichtsunterricht allerdings löst sie nicht ein. Dies liegt in entscheidendem Maße am Geschichtsunterricht selbst: an seiner Didaktik, wie auch an der - eigentümlicherweise vernachlässigten - Methodik historischen Lernens. Die methodische Frage dürfte der entscheidende Punkt sein: Die Geschichtswissenschaft und in ihrer Folge der Geschichtsunterricht haben die lebendige Vergangenheit, in „Geschichten" zusammenhängend erfahrbar, in abstrakte, Schülern und Schülerinnen nichts mehr sagende, nur noch durch theoretische Vorannahmen zusammengehaltene Sätze verwandelt. Unsere Schulbücher bestehen überwiegend aus solchen strukturellen Skeletten. [1]

Den Schülern das Wort geben

„Aber die Menschen machen auch von sich aus Geschichte ... Es ist das Außerordentliche und Beispielhafte, das Ungeheuerliche und Abschreckende, das praktisch Nützliche und das, was den je gegenwärtigen Verhältnissen Geltung und Rechtfertigung verschafft oder abspricht, was den Menschen der Rede und damit der Geschichte wert ist. Sie überliefern es und verleihen ihm Dauer. Auf diese Weise können Wissen und Erfahrung der Menschen in der Zeit anwachsen, die Geschichte wird zur 'Lehrmeisterin des Lebens'." [2]

Die lebensweltliche Bedeutung von Geschichte war und ist an die „erzählte" Geschichte gebunden. Ohne Geschichten gibt es keine Erinnerung und ohne Erzählen keine Mitteilung von Erfahrungen.
Ob Vergangenheit bedeutsam ist und werden kann, hängt entscheidend davon ab, ob der jeweilige Sachverhalt sich zu den Erfahrungen der SchülerInnen „verwandtschaftlich" verhält, also in die Nähe ihres Erfahrungsraumes gerät. Gegen die Identifikationsfiguren der „großen Männer" und die Identifikation gar nicht erst aufkommen lassende dürre „Strukturgeschichte" läßt sich nur angehen mit einer „Geschichte der Besiegten" oder einer Geschichte der „kleinen Leute". Das Resultat wäre ein Geschichtsunterricht, der eine Planung in Gestalt des „lernzielorientierten" Unterrichts nicht mehr verträgt. Handlungs- und Projektorientierung wären hierzu die methodischen Wegweiser.

Vorwort

Geschichte frag-würdig machen

Wenn es so ist, daß die „Interessenkurve" in Geschichte in den höheren Klassen immer mehr abnimmt, daß sich verstärkt Desinteresse, Disziplinschwierigkeiten und Abneigung einstellen, dann stellt sich die Frage, ob das Ziel „historischer und politischer Kompetenz" überhaupt erreicht werden kann.
Klar ist: Unterrricht, der aus rein kognitiver Belehrung „Sachkompetenz" überhaupt entwickeln will, muß scheitern. Die soziale und methodische Seite des Lernens gehören in das Zentrum der didaktischen Diskussion.
Und so wäre die grundlegende Qualifikation von SchülerInnen zunächst und vor allem, daß sie Fragen haben, Fragen stellen, fragen lernen.

SchülerInnen sollen lernen,

- Fragen und Probleme zu formulieren, die dann Gegenstände des Unterrichts werden;
- Bilder, Karikaturen, Karten, Tabellen mit ihren Worten zu beschreiben;
- Texte, Quellen, Augenzeugenberichte zu lesen und zu „übersetzen": in ihre Sprache und in ihre Erfahrungswelt.

Die Entwicklung und Förderung einer „Fragehaltung", eines aktiven und produktiven Umgangs mit den historischen Inhalten, erfordert geduldige Kleinarbeit. Methodisch sollte im Geschichtsunterricht

- die Bildarbeit der Textarbeit vorausgehen;
- sollen historische Tatbestände und Strukturen illustriert und von den SchülerInnen selbst beschrieben und nach-erzählt werden;
- visuelle (Bilder z.B.) und akustische (z.B. historische Lieder) Lernhilfen gegeben werden;
- Kontraste und Widersprüche begreiflich gemacht werden, (Nach-) Denken provoziert werden;
- Durchschaubarkeit und Verständlichkeit obenan stehen.

Die produktive Eigentätigkeit der SchülerInnen muß Kern des Unterrichts sein.

Trainingsschritte zur Aktivierung der SchülerInnen können sein:

- Freie Assoziation zu einem Bild, einem kurzen Text; Meldekette; „Blitz licht" (je Wort/Satz/-teil von jedem Schüler/jeder Schülerin);
- SchülerInnen formulieren in diesem Verfahren eigene Fragen;
- SchülerInnen erzählen und begründen ihre Aussagen mit ihren Worten;
- SchülerInnen lesen Texte, unterstreichen wichtige Stellen, erklären sie;
- SchülerInnen schreiben zu oder nach Bildern Geschichten, Dialoge, Szenen und lesen/sprechen/spielen sie vor;

- SchülerInnen schreiben Fragen zu Bildern oder Texten auf;
- SchülerInnen schreiben in kurzen Sätzen ihre eigene Meinung zu historischen Ereignissen und Verhältnissen auf und veröffentlichen sie. [3]

Die Zeit-Landschaft

So nennen wir die gute alte „Zeitleiste", deren Wiederbelebung durchaus sinnvoll ist. Ein historisches Orientierungswissen ist sicher für die Entwicklung eines „historischen Bauplans" in den Köpfen der SchülerInnen unverzichtbar. Die Anordnung von kurzen Texten, Illustrationen usw. auf einer Zeitleiste kann zur „sinnlichen Veranschaulichung" im Geschichtsunterricht beitragen. Wolfgang Klafki empfiehlt neben der Geschichtsleiste an der Klassenzimmerwand den Versuch, jeden Schüler/jede Schülerin eine Geschichtsleiste selbst herstellen zu lassen. Klafki zu den Vorteilen einer solchen Zeitleiste „für die Hand der Kinder":

- „Die Geschichtsleiste bevorzugt das Bildhafte und Bunte und reizt damit das Kind im allgemeinen mehr als Seiten reinen Schrifttextes."
- „Die Geschichtsleiste bietet die einzige Möglichkeit, das Nacheinander bzw. Nebeneinander historischer Ereignisse sinnbildlich herzustellen."
- „Sie ist übersichtlicher als das Geschichtsheft, weil sie weniger Schrifttext enthält. Das wiederum kann sie, da sie vieles sinnbildlich zum Ausdruck bringt, was im Geschichtsheft gewöhnlich begrifflich ausgedrückt wird."
- „Der Schüler hat auch über die Schulzeit hinaus ein „Anschauungsmittel", ein „Bilderbuch", eine zusammenhängende Mappe in der Hand, die wahrscheinlich weniger leicht der Vergessenheit, der Rumpelkammer oder dem Ofen anheimfällt als vier, fünf oder mehr einzelne Geschichtshefte." [4]

Nun zur Anfertigung einer solchen Leiste: Die Leiste besteht aus aneinandergeklebten Papierbögen im DIN-A 4-Format, am besten kariert. Je ein aufgeklappter DIN-A 4-Bogen (also zwei Seiten) entspricht einem Jahrhundert. Die Bögen werden so aneinandergeklebt, daß sie sich ziehharmonikaartig auseinanderziehen lassen und einen fortlaufenden Streifen bilden. Die Leiste kann nach und nach entstehen, indem man jeweils nur die Bögen für die gerade besprochenen Zeiträume aneinanderkleben läßt. [5]

Vorwort

„Mein Geschichtsbuch"

Wenn die Arbeit im (Geschichts-)Unterricht mehr für SchülerInnen einsehbaren Sinn bekommen soll, dann müssen wir wegkommen vom (Geschichts-)Heft als „Wegwerfartikel". Vollgeschriebene Hefte, die anschließend zu nichts nutze sind, erscheinen SchülerInnen zu Recht als sinnlos.

Darum lasse ich zu den einzelnen Themen (Ringbuch-)Blätter gestalten: SchülerInnen formulieren Überschriften und Texte selbst, versehen die Blätter mit Illustrationen und ordnen Bild, Überschrift und Text sinnvoll an. Sie zeichnen, schneiden aus, schreiben, beschriften, malen aus, skizzieren, stellen zusammen.

Die Arbeitsblätter, die ich in Geschichte ausgebe, sind „Arbeits-Blätter": Sie enthalten Illustrationsmaterial, Gestaltungshilfen und Hinweise zum Verarbeiten. Die so entstandenen Geschichtsblätter werden gesammelt (Aktenordner oder Schnellhefter) und schließlich zusammengeheftet:

- zu einem „Themenheft" (z.B. „Kurze Geschichte der USA", „Römer und Germanen", „Die Stadt im Mittelalter")
  oder
- zu einer Dokumentation der Arbeit eines Zeitraumes (z.B. Schuljahres, Halbjahres). In beiden Fällen steht auf dem Deckblatt groß der Name des Schülers bzw. der Schülerin und der Titel der Arbeit.

Diese Hefte oder kleinen Bücher sind attraktive, immer wieder gern gezeigte Produkte, die SchülerInnen von vornherein „schön" gestalten wollen, die sie gern aufbewahren.

„Unser Geschichtslexikon"

Haben Sie sich schon mal geärgert, wenn ein Schüler oder eine Schülerin immer noch nicht wußte, was eine „Monarchie", was eine „Republik" ist? Dann erarbeiten Sie doch mit Ihrer Klasse ein klasseneigenes Geschichtslexikon:

SchülerInnen schreiben (freiwillig) Erklärungen (in ihren Worten) zu wichtigen historisch-politischen Begriffen.
Die so entstehenden Texte werden in der Klasse vorgelesen und eventuell verbessert, dann auf eine Karteikarte geschrieben und in einem Karteikasten gesammelt oder auf ein Blatt geschrieben (Stichwort oben groß und auffällig) und zuletzt in einem Aktenordner abgeheftet. Man kann die so entstehenden „Lexikonartikel" auch für alle SchülerInnen vervielfältigen, so daß jede(r) ein solches Lexikon erhält.

Geschichte zum Anfassen

Für SchülerInnen wird der (Geschichts-)Unterricht vor allem dann spannend, wenn damit aktive und attraktive Arbeitsformen und Erfahrungen verbunden sind. Einige Möglichkeiten wurden schon genannt, hier in Stichworten noch einige weitere, die sich eigentlich immer verwirklichen lassen:

- Lassen Sie SchülerInnen zu jedem Thema eine Bücherkiste aus der Gemeindebibliothek besorgen: Sachbücher und Jugendliteratur als einen kleinen „Handapparat", der in der Klasse verfügbar ist.
- In Gruppenarbeit können Wandzeitungen, Plakate und Collagen entstehen, die man auch der Schulöffentlichkeit zugänglich machen kann (Foyer, Cafeteria). So bekommen diese Arbeitsergebnisse zusätzlichen Sinn.
- Im Laufe der Erarbeitung eines Themas entsteht eine Klassenzeitung: Texte werden geschrieben und (wenn möglich) getippt, Seiten gestaltet, Überschriften geschrieben (oder gedruckt), Bilder ausgesucht oder selbst gezeichnet (alles mit schwarzem Filzstift und/oder neuem Farbband!), schließlich die einzelnen Elemente zusammengeklebt. Die Zeitung wird dann (zumindest) im Klassensatz kopiert, eine höhere Auflage kann aber auch leicht zugunsten der Klassenkasse verkauft werden. In meiner Klasse entsteht zu jedem Geschichtsthema die Zeitung „Neues von gestern", in dem 5. Schuljahr, das ich in Geschichte unterrichte, entstand zuletzt die „Stein-Zeit-ung".

Vergangenheit, Gegenwart und Zukunft haben etwas miteinander zu tun - diese Binsenweisheit (für LehrerInnen!) müssen SchülerInnen konkret erfahren können.

Vorwort

Dazu bietet sich an:

- Orte, Museen, Denkmäler, Institutionen in der Gemeinde, in der Stadt besichtigen, „Entdeckungsreisen" in die Geschichte machen;
- sich Szenen aus der Geschichte (aus dem Alltag!) ausdenken und spielen [6];
- Gegenstände „von früher" sammeln, nach ihrem Zweck fragen, darüber erzählen und berichten;
- sich von Eltern, Großeltern, Verwandten, LehrerInnen „von früher" erzählen lassen, alte Fotos, Plakate, Bücher anschauen;
- Bücher, Zeitschriften, Zeitungen, Fernsehsendungen und Filme über historische Filme ansehen und darüber reden;
- zeichnen, malen, basteln, Modelle bauen zu historischen Themen.

Auf alle Fälle kann man die Beschäftigung mit Geschichte spannend und interessant machen, ohne die heiklen und dunklen Teile zu übergehen. Worauf es ankommt ist ein lebendiger Umgang mit Geschichte, der SchülerInnen aktiv und produktiv werden läßt.

Ein Werkzeug für einen solchen Geschichtsunterricht hoffen wir mit der vorliegenden „Bilder-Geschichte" hergestellt zu haben.

Anmerkungen

1 Zur Kritik geschichtsdidaktischer Ansätze und zur Grundlegung eines „erzählenden Geschichtsunterrichts" vgl. Jochen Hering: Geschichte erfahrbar, Tapir-Verlag, Dortmund 1985.

2 Ebenda, S. 5.

3 Vgl. Eckard Hanke: Geschichtsunterricht in der Hauptschule, in: Geschichtsdidaktik, Heft 1/1984, S. 54ff.

4 Wolfgang Klafki: Das Merkwissen im Geschichtsunterricht und die Geschichtsleiste, in: Pädagogische Beiträge, Heft 9/1987, S. 35ff. (Klafkis Beitrag entstand 1952/53.)

5 Viele für den dargestellten Zweck geeignete Materialien (Quellen, Schaubilder, Auswertungsbögen usw.) enthalten die beiden Bände „Projekt Geschichte" von Peter Brokemper, Verlag an der Ruhr, Mülheim 1993/94.

6 Eine Fülle konkreten Materials dazu mit vielen praktischen Anregungen und Spielideen liefert Peter Schulz Hageleit: Geschichte erfahren - gespielt - begriffen, Westermann Verlag, Braunschweig 1982.

Informationen für LehrerInnen

„Bilder-Geschichte": Wir wollten ein Material für den Geschichtsunterricht erarbeiten, das es in dieser Form noch nicht gibt.
Geschichte plastischer werden zu lassen, sie so aufzubereiten, daß SchülerInnen damit (im Wortsinn) umgehen können - das war unser Ziel.
Geschichte - oder jedenfalls für den Unterricht wesentliche Kapitel und Themen daraus - in Bildern und Situationen darzustellen: diese Idee ergab sich aus unseren alltäglichen Erfahrungen in unserem Unterricht und mit unseren SchülerInnen.

Die Arbeitskartei

- Sie beginnt mit den Hinweisen für SchülerInnen (S.13-16), damit sie möglichst selbständig mit den Bildkarten arbeiten können (z.B. bei der Gruppenarbeit, in der Freien Arbeit).
- Dann das „Kernstück": die einzelnen Themenblätter. Immer mit den Bildern und Situationen auf der rechten, sowie kurzen Informationstexten, Fragen, Arbeitsvorschlägen auf der linken Seite.

Bitte beachten Sie: Wir wollen und können kein Geschichtsbuch ersetzen, das war auch gar nicht unsere Absicht. Wir wollen mit unseren Bildern und Texten erreichen, daß SchülerInnen wieder neugieriger auf geschichtlicher Themen werden. Die Texte und Arbeitsfragen wollten wir möglichst leicht verständlich formulieren. Dies war unser oberstes Kriterium. Beides - Texte und Arbeitsvorschläge - erhebt keinen Anspruch auf „Vollständigkeit". Anstöße und Anregungen wollen wir geben. Nicht mehr. Und das wäre nicht wenig!

Aufbereitung der Sammlung für den Unterricht

- Kopieren Sie alle Arbeits- und Bildseiten sowie die (mit dem Kopierzeichen „K" versehenen) Einführungsseiten für die SchülerInnen.
- Die Arbeitsblätter können - begleitend zum Geschichtsunterricht - eingesetzt werden. Sie werden dann jeweils im Klassensatz kopiert.
- Einzelne Kopien werden SchülerInnen für die Gruppenarbeit an bestimmten Themen zur Verfügung gestellt.
- Eine bestimmte Anzahl von Kopien der Vorlagen werden in Klarsichthüllen eingetütet und in der Klasse deponiert, so daß sich SchülerInnen je nach eigenem Bedarf und eigener Entscheidung mit den Bildern versorgen können.
  Diese Klarsichthüllen können entweder
- in einem (oder mehreren) Aktenordnern im Klassenraum stehen, oder
- in einen Karteikasten gestellt werden. Dazu muß allerdings noch eine Pappe zur Verstärkung in die Hülle eingeschoben werden.

Einführung

Einsatzmöglichkeiten im Unterricht

Die Sammlung folgt grob der historischen Chronologie, wobei sich einzelne Blätter sehr gut zur Behandlung struktureller Querschnitte zusammenstellen lassen (z.B. „Rolle der Frau", „Kinder", „Macht und Herrschaft" usw.).

Konkret lassen sich folgende Einsatzmöglichkeiten vorschlagen:

- Das Buch bzw. die Kartei mit den Kopien steht für die Freie Arbeit oder für die selbständige Gruppenarbeit bereit, die SchülerInnen nutzen sie selbständig.
- SchülerInnen erhalten Kopien als (begleitendes) Arbeitsmaterial zur Bearbeitung von Arbeitsaufträgen.
- Die Arbeitsblätter werden von der ganzen Lerngruppe besprochen und gemeinsam bearbeitet.
- Die Texte auf der linken Seite können von den SchülerInnen selbständig bearbeitet oder im Klassenverband besprochen werden.
- Über die Verwendungsmöglichkeiten (Illustration, Gestaltungsmittel...) informieren die Hinweise für SchülerInnen.

Vieles konnte auf den wenigen Seiten dieser Informationen nur angedeutet werden.
Haben Sie weitere Fragen? Wollen Sie uns Erfahrungen mitteilen? Brauchen Sie weitere Tips und Hinweise?
Rufen Sie uns einfach an! Unser „Freiarbeitstelefon" steht zur Verfügung: 02841/16629 (Ulrich Hecker).
Da wir selbst LehrerInnen sind, am besten nachmittags oder abends anrufen!
Oder schreiben Sie uns: Ulrich Hecker, Feldstr. 45, 47441 Moers.

Wilhelm Nüchter, Milly Hamacher, Ulrich Hecker

Informationen für SchülerInnen

K Einführung

Es war nicht immer so, wie es heute ist. Und es wird auch in der Zukunft vieles anders sein als heute.
Und ob es besser oder schlechter sein wird, das hängt auch davon ab, was wir heute tun, wofür und wogegen wir uns einsetzen.
Ein Blick zurück in die Geschichte kann uns helfen zu verstehen, wie unser heutiges Leben eigentlich entstanden ist, wie sich das, was wir heute für selbstverständlich halten, entwickelt hat.
Wir machen das hier mit vielen Bildern und ohne allzuviel Text. Es geht uns nicht so sehr um „große" und „wichtige" Personen, um genaue Jahreszahlen, um Kriege und Siege. Uns geht es darum, überhaupt zu begreifen, daß auch damals - in allen Zeiten der Geschichte - ganz normale Menschen gelebt haben: Kinder und Erwachsene, Mütter, Väter, Alte - Menschen also „wie du und ich".
Ihr Alltag aber, ihr Leben war ganz anders als unseres heute. Hier setzt unsere „Bilder-Geschichte" an. Wir wollen das Leben vor einigen hundert Jahren illustrieren. Dazu gibt es Bilder, die Euch, wenn Ihr genau hinschaut, viel erzählen. Sie sollen zeigen, wie es damals war.
Wir wollen Euch neugierig machen. Wir wollen, daß Ihr selbst Fragen an die Geschichte stellt: Was waren denn „Leibeigene"? Warum waren die Strafen im Mittelalter so grausam? Hatten die keine Autos? Gab es wirklich Leute, die an Hexen glaubten? Wer hat damals regiert? Konnte jeder Ritter werden?
Wir wollen nicht so tun, als könnten wir hier alle Eure Fragen beantworten. Es ist toll, wenn Ihr mehr Fragen habt, als wir hier beantworten können. Und Antworten könnt Ihr selber bekommen: in der Schule, im Museum, in Büchern aller Art, im Kino und im Fernsehen.
Wir wünschen Euch viel Spaß mit den Bildern. Vielleicht helfen Euch auch unsere Texte ein wenig. Freuen würden wir uns, wenn unsere „Bilder-Geschichte" Euch zeigt: Geschichte kann richtig spannend sein!

Wilhelm Nüchter, Milly Hamacher, Ulrich Hecker

Was Du mit diesen Blättern machen kannst...

- Du kannst die Situationen und Personen, die Du siehst, beschreiben. Achte auf Kleidung, Haltung, Erscheinungsbild.
- Du kannst beschreiben, welche Aufgaben, Stellung, welchen Beruf die dargestellten Personen haben.
- Du kannst Dir überlegen (und aufschreiben), ob es so etwas (oder etwas ähnliches) heute noch gibt oder noch geben könnte?
- Du kannst einzelne Personen oder Situationen ausschneiden und damit Dein Geschichtsheft (Deine Geschichtsmappe) gestalten.
- Du kannst mit ausgeschnittenen und ausgemalten Bildern Wandzeitungen zu bestimmten Themen aus der Geschichte gestalten.
- Deine Klasse kann mit diesen Bildern und eigenen Texten eine „Zeitleiste" für Euren Klassenraum anfangen und immer weiter fortsetzen. (Frage Deinen Geschichtslehrer bzw. Deine Geschichtslehrerin, wenn Du nicht weißt, was eine „Zeitleiste" ist!)
- Einzelne Figuren kannst Du auch anmalen, ausschneiden und aufstellen.
- Mit den Figuren kann man Collagen machen, Szenen zusammenstellen und sogar Theater spielen.
- Zu den Bildern - oder zu Szenen mit Figuren, die Du selbst zusammengestellt hast - kannst Du einen erklärenden Text schreiben. Oder eine Geschichte, ein Gespräch zwischen den Figuren, eine Spielszene.
- Du kannst den Personen Sprechblasen hinzufügen und Dir überlegen, was sie sich sagen könnten.
- Du kannst den Personen passende Namen geben und ihre Geschichte schreiben.
- Vielleicht kannst Du einen eigenen Comic herstellen.
- Schlage im Geschichtsbuch und in anderen Büchern nach, und suche nach der Zeit und den Ereignissen diese Zeit. Suche nach Namen, Jahreszahlen und wichtigen Geschehnissen. Schreibe alles über, neben, unter die Personen und Bilder.

Piktogramme

Immer wieder in dieser Kartei wirst Du auf die Zeichen stoßen, deren Bedeutung jetzt gleich erklärt wird. Diese *Piktogramme** helfen Dir, den Durchblick zu bekommen.

Neben diesem Zeichen stehen Texte, die die Bilder auf der rechten Seite erklären, die also zu Deiner Information da sind.

Dieses Zeichen sagt Dir: „Überlege mal!" „Suche eine Antwort!" Du sollst mit Deinen Mitschülerinnen und Mitschülern darüber sprechen.

Das Zeichen fordert Dich auf, Dich in Büchern, im Geschichtsbuch, bei Deinem Lehrer/Deiner Lehrein zu erkundigen, nachzulesen, Dich weiter zu informieren: „Lies nach!" „Erkundige Dich!"

Die kleine Wolke bedeutet, daß Du Dir etwas vorstellen sollst. So, als wärst Du dabeigewesen bei diesem Ereignis in der Vergangenheit. Du kannst erzählen, was Du Dir denkst, Du kannst es auch aufschreiben. Auf jeden Fall ist es spannend, mit Deinen Mitschülerinnen und Mitschülern darüber zu diskutieren. „Stell Dir vor, ...!"

* Ein Sternchen steht oft hinter einem Wort oder einem Begriff, den Du selbst herausbekommen sollst. Da heißt es nachschlagen: im Lexikon, im Wörterbuch, im Geschichtsbuch. Im ersten Absatz hat es schon angefangen. Weißt Du schon, was ein „Piktogramm" ist?

... und so können Deine Figuren auch stehen. Dann kannst Du sie zu kleinen Szenen zusammenstellen, mit ihnen spielen.

Arbeitsvorschlag für die Gruppenarbeit

✔ Bitte abhaken, wenn eine Sache erledigt ist!

Arbeitsschritte

☐ 1. Überprüft, ob Ihr Euer Material vollständig erhalten und geordnet habt.

☐ 2. Entscheidet in der Gruppe, ob Ihr alles gemeinsam bearbeitet oder ob Ihr die Quellentexte unter Euch aufteilt.

☐ 3. Arbeitet die Materialien durch (evtl. dazu: Geschichtsbuch, Bibliothek):
- Klärt unbekannte Begriffe.
- Macht Notizen.
- Streicht wichtige Sachen an.

☐ 4. Diskutiert die Ergebnisse (was ist wichtig, wo sind Lücken?).

☐ 5. Der Klasse sollt Ihr zwei (!) Ergebnisse bieten:
- Überblick über das Leben der Menschen (in der von Euch bearbeiteten Zeit):

  Möglichkeiten:
  - ✦ Vortrag (mit Text vorlesen und Bilder zeigen),
  - ✦ Tribunal („Ankläger" und „Verteidiger" der Zeit unterhalten sich),
  - ✦ Spiel (eine Gruppe von Menschen unterhält sich bzw. spielt die wichtigsten Probleme der Zeit).

Überlegt:
- Vorbereitung für das Ausfüllen eines Ergebnisbogens (Stichworte überlegen/Bildstreifen erklären/Diktat des verlangten „Merktextes" vorbereiten usw.).

☐ 6. Entscheidet Euch und verteilt Aufgaben: Übt sie! (Wer liest, wer spricht, wer diktiert, wer malt Skizzen an die Tafel usw.)

☐ 7. Teilt Eure Zeit ein (ca. 2-3 Doppelstunden für die Punkte 3-5).

☐ 8. Arbeitet bitte *leise*, damit niemand gestört wird!

Arbeitsblätter

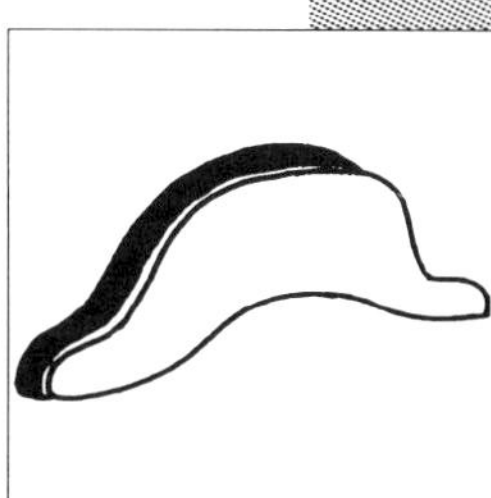

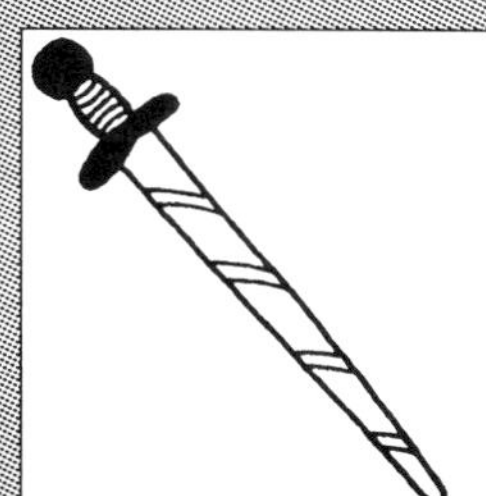

Patrizier und Sklaven

oben links:
Ein römischer *Senator** kommt mit seinem Sklaven (Sekretär) vom *Kapitol**. Der Sklave trägt wichtige Akten, die der Senator für seine Regierungsgeschäfte gebraucht hat. Der Senator trägt das Gewand der vornehmen römischen männlichen Gesellschaft, die Toga. Dieses seltsame Gewand besteht aus einem 5 Meter langen weißen Tuch. Es ist sehr schwierig, dieses lange Tuch um den Körper zu legen. Um die Toga festzuhalten, muß der vornehme Römer sehr langsam und würdevoll gehen und immer einen Arm angewinkelt haben.
Einige Schritte hinter ihm geht sein Sklave. Er hat das Grundbekleidungsstück der Römer an: eine Tunika. Diese ist aus weißem Leinen und verziert. Da der Sklave zu einem vornehmen Haus gehört, hat er eine besonders schöne Tunika.

oben rechts:
Frauen treten in der Öffentlichkeit nicht auf. Ihr „Reich" ist das Haus. Die Frauen aus vornehmer Familie tragen ebenfalls die Tunika. Sie ist länger als die der Männer. Reiche Frauen tragen Überkleider mit seitlichen Verzierungen oder eine *Stola** darüber.
Vornehme Römerinnen tragen wertvollen Schmuck und sehr kunstvolle Frisuren (achte besonders auf die Mutter!).
Die Frauen schreiben auf kleine Wachstafeln.
Typisch ist die seitlich liegende Haltung der Mutter. Die Römer kennen keine Stühle, sie liegen auf Polstern - auch beim Essen.

unten:
Auf riesigen *Latifundien** arbeiten Zehntausende von Sklaven. Ihre Tunika ist wesentlich einfacher als die der Sklaven in vornehmen Häusern. Die meisten gehen barfuß. Die Sklaven hier lesen Steine vom Acker, damit er dann mit dem hölzernen Pflug umgepflügt werden kann. Ein Verwalter beaufsichtigt die Sklaven und erteilt Befehle. Seine Kleidung ist besser, über der Tunika trägt er einen Umhang.

- Warum tragen der Senator und sein Sklave nicht die gleiche Kleidung?
- Wodurch zeigt der Senator sein Ansehen und seine Würde?
- Was fällt Dir an dem Sklaven auf?
- Wer von den vier Frauen oben rechts ist die Sklavin?
- Was könnten die Frauen auf die Wachstäfelchen schreiben?
- Beschreibe die Sklaven und ihre verschiedenen Arbeiten!
- Wozu hat der Aufseher wohl einen Knüppel?

- Wie wurden Menschen im römischen Reich zu Sklaven?
- Für welche Arbeiten wurden Sklaven benutzt?
- Haben sich Sklaven gegen ihre Lage gewehrt?

Stell Dir vor, Du bist ein Sklave oder eine Sklavin. Was wäre für Dich am schwersten zu ertragen?

Patrizier und Sklaven

Die Römer

oben:
Auf diesem Bild schlachten Römer ein Opfertier. Durch solche Opfer wollen sie die Götter gnädig stimmen. Einige Teile des Tieres werden anschließend verbrannt, andere gegessen. Ein Priester hält die Leber des geopferten Tieres in der Hand. Aus der Beschaffenheit der Leber werden Voraussagen abgeleitet. Die römische Religion ist eine Art „Vertrag" zwischen den Göttern und Rom. Durch bestimmte Leistungen (z.B. Opfer, Bau von Tempeln) sollen die Götter den Römern helfen.

unten rechts:
Ein gestorbenes Kind wird verbrannt. Seine Mutter zündet den aufgebahrten Leichnam selbst an. Sie wendet dabei ihr Gesicht ab und zeigt so ihre Trauer.
Die Religion der Römer sagt sehr wenig darüber, wie das „Leben nach dem Tode" sein könnte. Deswegen verehren viele Römer auch andere Götter, nehmen sie an anderen, fremden Kulten teil, die mehr Trost für das „Jenseits" bieten.

unten links:
Es gibt im römischen Weltreich eine Vielzahl von unterschiedlichen Religionen und Kulten. Viele dieser Religionen werden auch von den Römern selbst übernommen. In diesem Bild siehst Du einen Priester und eine Priesterin, die an den ägyptischen Isis-Kult glauben. Der kahlgeschorene Priester hält eine Opfergabe, die Priesterin eine Rassel und eine Kelle mit heiligem Wasser.
Der römische Staat duldet die vielen Religionen. Alle Römer aber verehren den Kaiser als Gott.

- Die Bürger des römischen Reiches konnten die Religion ausüben, die ihnen gefiel. Warum wurden dann aber die Christen lange Zeit so grausam verfolgt?
- Erkundige Dich nach der römischen Religion. An welche Götter glaubten die Römer?
  Stellst Du Ähnlichkeiten mit anderen Religionen fest, die Du schon kennengelernt hast?

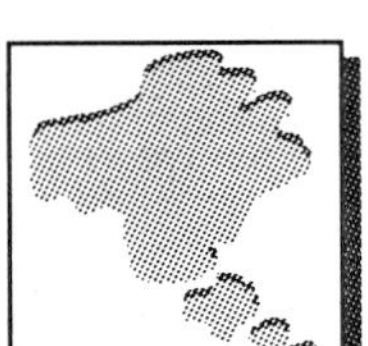

Stell Dir vor, Du müßtest ein Opfer darbringen.
Könntest Du selbst ein Tier schlachten und opfern?

Die Plebejer

Die Masse des Volkes wird durch die Sklaverei fast überflüssig. Es gibt nichts mehr zu tun, es gibt kaum noch sinnvolle Arbeit für die *Plebejer**.

Die allermeisten Bewohner von Rom werden daher vom Staat versorgt. Die Patrizier unterstützen die Plebejer mit Nahrung und Kleidung. Zur Unterhaltung werden Spiele im Circus veranstaltet. „Brot und Spiele" sollen die Plebejer bei Laune halten, damit sie die Geschäfte der Patrizier nicht stören.

Auf dem Bild siehst Du Plebejer, die auf die Verteilung von Essen warten. Im Hintergrund siehst Du ein römisches Mietshaus. Diese Mietshäuser gehören natürlich auch den Reichen.

Unten sind die Nahrungsmittel verteilt worden. Ein Plebejer lobt lautstark die Wohltaten des „edlen Spenders".
Ein Schreiber notiert, welche Güter abgegeben worden sind.

- Versuche herauszubekommen, warum die Patrizier „Brot und Spiele" kostenlos für die Plebejer bereitstellen.
- Erkundige Dich genauer über das alltägliche Leben der Plebejer in Rom.
- Findest Du heraus, welche Rechte die Plebejer hatten?

Stell Dir vor, Du wohnst in einem römischen Mietshaus.
Was wäre alles anders als in einem Mietshaus bei uns heute?

Die Plebejer

Die Römer

oben links:
Über die Beliebtheit der Spiele im Circus hast Du schon etwas gehört. Hier siehst Du einen Wagenlenker, der gleich an einem der besonders beliebten Wagenrennen teilnehmen wird. Bei diesen Rennen gibt es immer viele Verletzte. Viele Römer wetten, wer der Sieger sein wird. Die Wagenlenker binden sich die Zügel um den Leib, damit sie nicht vom Wagen fallen. Die Wagenlenker, die oft gewinnen, sind sehr berühmt.

unten:
*Gladiatoren** kämpfen gegeneinander. Das sind Sklaven, die in besonderen Schulen trainiert und ausgebildet werden für den Kampf um Leben und Tod. Siegen und überleben sie, werden sie manchmal freigelassen.
Für die Gladiatorenkämpfe im Circus entwickeln sich ganz bestimmte Regeln, nach denen sich die Sklaven abschlachten müssen. Der Mann mit der Peitsche treibt die Kämpfer an, so daß sie sich nicht schonen können. Der Charon (der „Todesbote", das ist der Sklave mit der Maske) schlägt den Sterbenden und Toten mit dem Hammer den Schädel ein, erst danach werden sie aus der Arena abtransportiert.
Circus gibt es im römischen Reich durch alle Jahrhunderte und in jeder Stadt. Häufig finden auch Tierkämpfe statt, wobei Tiere gegeneinander kämpfen oder aber auch Menschen gegen wilde Tiere.

oben rechts:
Das Theater ist bei den Römern ebenfalls sehr beliebt. Um das arme, einfache Volk bei Laune zu halten, gewährt der *Senat** auch zum Theater - wie zum Circus - freien Eintritt.
Vor allem Lustspiele werden aufgeführt. Wie bei den Griechen gibt es für bestimmte Rollen festgelegte Masken und Kostüme. Die Schauspieler auf dem Bild tragen solche Masken.
Da das arme Volk, die „Plebejer", auch seine Nahrung aus staatlichen Küchen bekommt, entsteht das Schlagwort „Brot und Spiele" für die Volksmassen.

- Warum schenkt der römische Staat dem armen Volk „Brot" und „Spiele"?
- Weshalb melden sich viele Kriegsgefangene und Sklaven sogar freiwillig als Gladiatoren?

- Das Publikum im Circus hat großen Einfluß auf das Schicksal der Kämpfer. Findest Du heraus, was es bedeutete, wenn die meisten Zuschauer nach einem Kampf ihren Daumen nach unten oder nach oben zeigten?

Stell Dir vor, Du könntest als Sklave frei werden, wenn Du als Gladiator kämpfst. Würdest Du das tun?

Brot und Spiele

Die Römer

Damit Du Dich leichter zurechtfindest, sind die Personen auf diesem Bild mit Zahlen gekennzeichnet. Hier die Informationen:

1 Der römische Feldherr trägt eine reich verzierte Rüstung aus Bronze, darunter eine rote Tunika mit goldenen Verzierungen. Wie alle römischen Männer trägt er sein Haar kurz geschnitten.

2 Die Paradeuniform des Centurio (Chef einer Kompanie von 100 *Legionären**) ist mit zahlreichen Orden geschmückt. Sein Kettenhemd besteht aus Bronze. Für besondere Verdienste kann ein Centurio auch ein Kettenhemd aus Silber oder Gold erhalten. Die Beine werden durch Beinschienen geschützt. Zeichen seiner Befehlsgewalt sind sein verzierter Helm und der Stock.

3 Im Hintergrund vor der Außenmauer eines *Kastells** steht ein Standartenträger mit einem Feldzeichen. In der Schlacht gibt das Feldzeichen an, wo sich der Anführer aufhält, so daß die Legionäre ihm folgen können. An das Feldzeichen sind Orden für besondere Siege geheftet. Das Wolfsfell des Standartenträgers hat *symbolische** Bedeutung: Die beiden Gründer Roms, Romulus und Remus, wurden der Sage nach als Findelkinder von einer Wölfin ernährt.

4 Der römische Legionär schützt sich mit einem Schild aus bunt bemalten Holzplatten. Rüstung, Schilde, Helme und Speere werden nach genau festgelegten Mustern hergestellt. Ein Legionär hat ganz bestimmte Waffen: einen kurzen Speer, ein Kurzschwert mit scharfer Spitze, ein Messer.
Die Legionäre gehen im Kampf mit geschlossenen Schilderreihen vorwärts und schleudern dabei ihre Speere. Dann stechen sie mit mit dem Kurzschwert auf ihre Feinde ein.

5 Ein römischer Legionär trägt seine Marschverpflegung. Seine einfachen Sandalen sind mit Nägeln beschlagen. Auch diese Sandalen werden in großen Betrieben nach genauen Mustern hergestellt. Die tägliche Marschleistung eines römischen Legionärs beträgt etwa 50 km. In Friedenszeiten werden Legionäre auch zum Straßenbau, zum Bau von Festungsanlagen und Lagern eingesetzt.

6 Überlebende einer gerade eroberten Stadt. Ergibt sich eine Stadt den Römern nicht „freiwillig", werden ihre Einwohner barbarisch bestraft. Die Stadt wird zur Plünderung freigegeben. Die Überlebenden werden getötet oder als Sklaven verkauft. Solche Sklaven werden als Teil der Beute auf die Legion verteilt.

- Erkundige Dich nach der Sage von der Gründung der Stadt Rom!
- Beschreibe den Aufbau eines römischen Kastells!

Stell Dir vor, Du hättest als Legionär an der Eroberung einer Stadt teilgenommen. Wie würdest Du Dich den Bewohnern gegenüber verhalten?

1
2
3
4
5
6

Haus und Hof

Arbeitsblatt 6

Die Germanen

Ein freier Germane steht mit seiner Familie vor seinem Haus.

- Woran erkennst Du, daß es sich um einen freien Germanen handelt?
- Beschreibe die Kleidung und den Schmuck der Germanen.
- Wie wohnen die Germanen?
- Wovon leben sie? (Nahrung, Kleidung)

- Gibt es auch „unfreie" Germanen? Versuche, etwas darüber herauszubekommen!
- Finde heraus, aus welchem Material der Schmuck der Germanen hergestellt ist!

Stell Dir vor, Du bist der Junge oder das Mädchen auf dem Bild.
Wie verläuft Dein Tag?

Germanisches Recht

Streitigkeiten zwischen den Angehörigen eines germanischen Stammes werden auf dem *Thing** besprochen.
Die Anwesenden entscheiden über Recht und Unrecht.
Sein Recht aber muß jeder dann selbst durchsetzen. Derjenige, der Recht bekommen hat, rächt sich für das erlittene Unrecht. Dadurch entsteht die *Blutrache** bei den Germanen.

- Wer versammelt sich zum „Thing"?
- Welche Angelegenheiten werden besprochen?
- Die Germanen kennen keine Polizei und keine Gefängnisse. Wie lösen sie ihre Konflikte?

Deine Familie verlangt von Dir, Deinen Nachbarn umzubringen, weil der Deinen Vater ermordet hat. Wie verhältst Du Dich?

Arbeitsblatt 8

Die Germanen

Der Kontakt zwischen Römern und Germanen verläuft zum Teil kriegerisch, zum Teil aber auch friedlich.

- Wer ist auf dem oberen Bild Römer? Wer Germane?
- Zu welchem Volk gehört der Mann mit dem Kettenhemd? Sieh genau hin und erkläre!
- Zu welchem Zweck treffen hier Römer und Germanen zusammen?
- Schildere die Situation, die auf dem Bild unten dargestellt ist!
- Beschreibe möglichst genau das Aussehen und die unterschiedliche Kampfweise der Römer und Germanen!

Wie verlief die Grenze zwischen dem Römischen Reich und den germanischen Stammesgebieten um das Jahr 0?

Würdest Du als Germane auch als Soldat für die Römer kämpfen?

Arbeitsblatt 9

Die Germanen

Die Germanen sind Nomaden, die aber zeitweise auch länger an einem Ort siedeln.

Die Hunnen, ein „Reitervolk" aus Asien, löst die *Völkerwanderung** aus.

- Nenne Gründe, weshalb ein Germanenstamm sein Siedlungsgebiet aufgibt und sich ein neues sucht.
- Beschreibe eine Familie auf der Suche nach einem neuen Siedlungsraum (Bild oben)!
- Wieso sind die Germanen den viel kleinwüchsigeren Hunnen unterlegen?

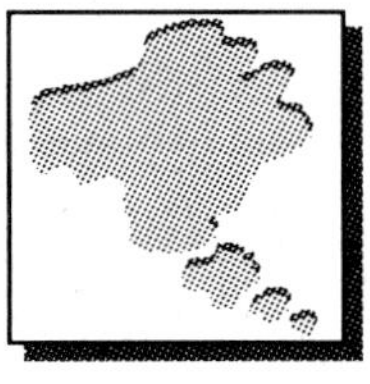

Dein Stamm sucht ein neues Gebiet. Wie soll das Land sein, in dem Ihr Euch niederlassen wollt?

Die Mission

Das Christentum

Mönche wollten als *Missionare** die Germanen zum christlichen Glauben bekehren. Sie beginnen mit ihrer Missionsarbeit fast immer bei dem Stammesfürsten und seiner Familie.

Die Missionierung der Germanen ist sehr langwierig und schwierig. Sie haben ganz andere Vorstellungen von Göttern und Geistern. Auf dem Bild unten siehst Du Holzfiguren, die Fruchtbarkeitsgötter darstellen.

- Warum ist es wichtig für die Missionare, zunächst die Fürsten für den neuen Glauben zu gewinnen?
- Wie geschieht hier die Mission? Erzähle!
- Warum wollten die Germanen wohl das Christentum nicht annehmen?

- Informiere Dich über die Religion und den Götterglauben der Germanen!
- Vielleicht findest Du Geschichten über die Ausbreitung des Christentums bei den Germanen?

Du bist Missionar. Was erzählst Du über den christlichen Glauben, um andere davon zu überzeugen?

Die Mission

Die Klöster

Mit der Verbreitung des Christentums werden überall Klöster gegründet. Dort geschieht vieles, was den Bürgern und Bauern hilft und nützt.

- Welche Tätigkeiten üben Mönche hier aus? Sind sie für die Bevölkerung von Bedeutung?
- Aus welchen Gründen wird damals ein junger Mann oder eine junge Frau Mönch oder Nonne?

- Informiere Dich über den Aufbau eines Klosters!
- Finde heraus, welche weiteren Tätigkeiten in den Klöstern ausgeübt werden, die für die Bevölkerung nützlich sind!
- Finde Ordensregeln verschiedener Klöster heraus und vergleiche sie!
- Beschreibe den Tagesablauf eines Mönchs oder einer Nonne!

Würdest Du als Mönch oder Nonne in ein Kloster gehen?

Die Klöster

Kreuz und Schwert

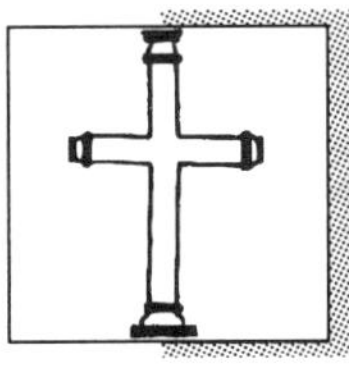

Das Christentum

Nonnen beten in der Klosterkirche. Sie verbringen ihr Leben nach strengen Regeln und Vorschriften in äußerster Frömmigkeit.

Das Bild unten zeigt, daß das Christentum - wie andere Religionen auch - mit Gewalt verbreitet wird. Hier kämpfen Kreuzritter gegen Angehörige des Islam.

- Gibt es wohl besondere Gründe für eine Frau, in ein Kloster zu gehen und dort ihr Leben zu verbringen?
- Warum geschieht die Verbreitung des Christentums nicht friedlich?
- Welche Ziele haben die Kreuzzüge?
- Kannst Du Dir erklären, warum die Christen gar kein schlechtes Gewissen hatten, Andersgläubige totzuschlagen?
- Gibt es etwas Ähnliches in unserem Jahrhundert?

Informiere Dich über die *Kreuzzüge**!

Du bist Ritter. Würdest Du für die Verbreitung Deiner Religion Andersgläubige töten?

Die Burg

Eine Burg wird gebaut. Im Vordergrund beraten Burgherr (links, im langen Gewand) und Baumeister.

- Die Burg ist fast fertig. Welche Handwerker haben ihre Arbeit weitgehend beendet?
- Andere Handwerker sind noch bei der Arbeit. Was haben sie noch zu tun? Wie nennt man sie? (Im Vordergrund siehst Du einen Meister mit seinem Lehrjungen.)
- Ein Fuhrwerk verläßt den Burghof. Sein Besitzer ist ein Bauer aus der Umgebung. Er und seine Familie müssen beim Bau helfen. Warum?
- Welchen Unterschied gibt es zwischen der Arbeit der Handwerker und der Arbeit der Bauern beim Burgbau?

- Die Burg ist kein einfaches Wohnhaus. Nenne die verschiedenen Gebäude!
- Welchen Zweck sollen diese Gebäude erfüllen?
- Kurz gesagt: Wer ließ die Burg bauen? Wozu waren Burgen da?
- Unterhalb der Burg liegt ein Dorf. Warum gibt es sehr oft Siedlungen in der Nähe von Burgen?
- Nenne Städte, die „Burg" in ihrem Namen tragen! Wie sind diese Städte wohl zu ihrem Namen gekommen?
- Versuche herauszufinden, welche Bedeutung unser heutiges Wort „Bürger" ursprünglich hatte. (Tip: Was geschah, wenn Burg und Dorf angegriffen wurden?)
- Wer wohnt ständig in der Burg?

Stell Dir vor, Du müßtest in der Burg leben.
Was gefällt Dir? Was nicht?

Die Burg

Arbeitsblatt 14

Die Ritter

oben:
Zwei Ritter und ihre Frauen sitzen am Tisch. Das Mahl wird aufgetragen - von zwei Jungen, die hier zu Rittern erzogen werden. Der Küchenmeister bringt den Wein.

unten links:
Auch die Töchter der Ritter werden standesgemäß erzogen. Zwei Burgfräulein üben sich in Gesang und Tanz. Ein *„fahrender Sänger"** begleitet sie auf der *Laute**.
Zur Zeit des ritterlichen *Minnegesangs** gehen Männer und Frauen fast gleich gekleidet in langen Gewändern.

unten rechts:
Zwei Knappen werden von einem Mönch in der Kunst des Lesens und Schreibens unterrichtet.

- Wie wurde man Ritter?
- Durch Sitten und Gebräuche wollen sich die Ritter vom einfachen Volk abheben. Welche Tischsitten zum Beispiel muß ein Ritter beachten?
- Woher stammt das Wort „Ritter"? Wie hat sich der *Stand** der Ritter entwickelt?
- Nur Angehörige bestimmter Stände können lesen und schreiben. Wer? Welche Vorteile sind damit verbunden?

Du darfst an der Tafel eines Ritters mitspeisen.
Worauf mußt Du achten, um Dich nicht „daneben zu benehmen"?

Höfische Erziehung

Arbeitsblatt 15

Die Ritter

oben:
Kämpfen ist das Handwerk des Ritters. Bei Turnieren erproben die Ritter Kraft und Geschicklichkeit. Schon die Knappen, die auf dem Bild nur ihren Herren zur Hand gehen, werden von Fechtmeistern ausgebildet.
Um 1200 schützen sich die Ritter mit Kettenhemden (links). Etwa 200 Jahre später genügt das nicht mehr.

unten:
Rüstung und Bewaffnung der Ritter sind am besten für den Kampf „Mann gegen Mann" geeignet. Treffen Ritter aber auf Horden von Kriegsknechten (das sind für *Sold** kämpfende Männer: Bogenschützen, mit langen Lanzen - „Piken" - Bewaffnete), sind sie meist unterlegen.

- Vergleiche die Rüstungen und die Waffen der abgebildeten Ritter!
- Welcher Ritter führt eine „Kampflanze", welcher eine „Turnierlanze" mit sich? Woran erkennst Du das?
- Warum sind die abgebildeten Kriegsknechte den Rittern überlegen?

Die Durchschlagkraft der Geschosse nimmt zu. Erkundige Dich!
(Bogen - Armbrust - Muskete ...)

Du bist ein Burgfräulein. Dein Verehrer will für Dich gegen einen bärenstarken Ritter beim Turnier antreten, um Dir seine Zuneigung zu beweisen. Was sagst Du ihm?

Arbeitsblatt 16

Die Bauern

oben:
Die „höheren" Stände verachteten die Bauern. Sie halten sie für „derb" und primitiv. Hier feiern die Bauern ein ausgelassenes Fest. Ein Dudelsackspieler (der Dudelsack war damals in ganz Mitteleuropa verbreitet) spielt zum Tanz auf.
So wie die Bauern tanzen Ritter und Bürger nie! Das halten sie für unfein. Sie berühren sich beim Tanzen nicht, halten Abstand und bewegen sich langsam und würdevoll.

unten:
Bauern sind in die Burg gekommen.

- Kannst Du Dir vorstellen, warum die Bauern so wild und ausgelassen feiern?
- Welche Aufgaben leisten die Bauern? Warum?
- Warum haben einige Bauern Werkzeuge dabei?
- Was steht wohl in dem Buch, das der *Vogt** des Ritters in den Händen hält?

Die feinen Leute lästern über die Bauernfeste.
Was sagst Du als Bauer oder Bäuerin dazu?

Fron und Feste

Die Bauern

oben:
Bauern bei der Ernte.

unten links:
Ein Bauernpaar geht mit seinem kleinen Sohn zum Markt.

unten rechts:
Es ist Winter.

- Wie sind die Bauern gekleidet?
- Nenne alle Arbeitsgeräte auf dem Blatt und beschreibe ihre Funktion!
- Wem gehören die Felder, auf denen die Bauern arbeiten?
- Wo ist der Markt?
- Was verkaufen die Bauern dort?
- Welche Arbeiten erledigen die Bauern im Winter?

Beneidest Du als Bauernjunge oder Bauernmädchen die Leute auf der Burg? Sprich darüber!

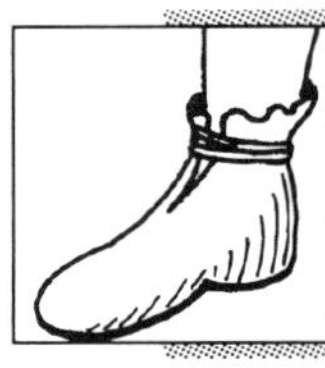

Die Bauern

Immer wieder versuchen Bauern, sich gegen die *Ausbeutung** durch die Grundherren zu wehren. Hier siehst Du einen *„Bauernhaufen“** aus dem großen Bauernkrieg von 1524/1525.

Alle Bauernaufstände endeten schließlich mit der Niederlage der Bauern. Auf dem Bild unten siehst Du die Sieger!

- Wie sind die Bauern bewaffnet?
- Was bedeutet der „Bundschuh“ auf der Fahne?
- Warum sind die Bauernaufstände am Anfang oft erfolgreich?
- Gegen wen kämpfen die Bauern? Wie kämpfen sie?
- Warum verlieren die Bauern schließlich? Nenne Gründe!
- Wie gehen die Sieger mit den besiegten Bauern um?

Würdest Du als Bauer an einem Bauernaufstand teilnehmen?

Patrizier und Kaufleute

oben:
Eine Patrizierfamilie. Patrizier sind die reichen und vornehmen Familien einer mittelalterlichen Stadt.
Der vornehme Bürger trägt ein *Wams** mit Faltenrock und gepufferten Ärmeln, dazu ein Hemd, Langstrümpfe und breite, flache Schuhe.

unten:
Ein Fuhrknecht im Gewölbe (Warenlager) eines Patriziers.

- Wie stellen die Patrizier ihren Reichtum und ihre Macht zur Schau?
- Warum tun sie das?
- Beschreibe die Personen auf dem unteren Bild. Wer sind sie? Was tun sie?

- Woher kommt der Reichtum der Patrizier?
- Kannst Du herausfinden, warum die ärmeren Leute die Patrizier manchmal „Pfeffersäcke" nennen?
- Du hast den Begriff „Patrizier" im Geschichtsunterricht schon einmal gehört. Erinnerst Du Dich noch?
- Das Leben in den Städten ist durch Vorschriften des „Rates der Stadt" genau geregelt: Markt und Handel, Löhne und Preise, Feste und Feiern, Mode und Kleidung, ja sogar das Essen und Trinken. Finde heraus, wie eine mittelalterliche Stadt regiert und verwaltet wird.
- Welchen Einfluß haben die Patrizier auf die Regierung und Verwaltung der Stadt?
- Schreibe eine Liste mit Waren, mit denen damals gehandelt und viel Geld verdient wird!

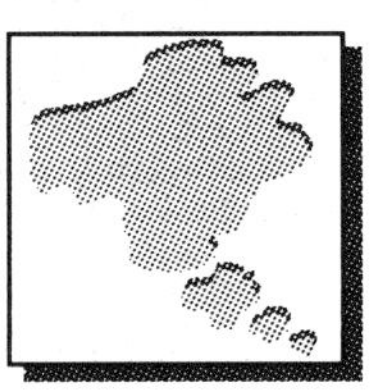

Du bist der Sohn oder die Tochter einer Patrizierfamilie. Welche Stoffe, Farben, welchen Schmuck würdest Du für Deine Kleidung wählen?

Patrizier und Kaufleute

Die Handwerker

Ein weiterer *Stand** in der mittelalterlichen Stadt sind die Handwerker. Einige siehst Du hier im Bild.
Der Tischler stellt einen Schrank nach den Wünschen des Auftraggebers in Handarbeit her.
Der Griffmacher produziert Griffe für die Klingen von Messern, Dolchen und Schwertern.
Der Schneider näht Gewänder nach Maß.

- Wer liefert dem Griffmacher die Klingen?
- Woher bekommt der Schneider seine Stoffe?

- Die Handwerker eines Berufs schließen sich zu einer „Zunft" zusammen. Erkläre!
- Der Zugang zu einem Handwerksberuf steht nicht jedem offen. Erläutere!
- Beschreibe den Ausbildungsweg eines Handwerkers!
- Nenne möglichst viele Handwerksberufe der damaligen Zeit!

Du bist Handwerksmeister. Dein Lehrling hat ein Werkzeug beschädigt. Wie würdest Du Dich verhalten?

Die Handwerker

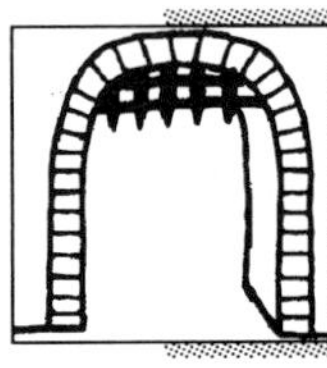

Der Markt

Der Markt ist der Mittelpunkt des Lebens in der Stadt: Hier werden Waren getauscht, gekauft und verkauft. Hier treffen sich aber auch Angehörige aller Stände, machen Geschäfte, tauschen Nachrichten und Neuigkeiten aus.

oben:
Der Eichmeister (links) prüft genau, ob die Gewichte der Händler stimmen.
Der Stadtbüttel (ein „Marktpolizist“) greift ein, wenn Streitigkeiten entstehen oder jemand gegen die Marktordnung verstößt.
Ein Verurteilter ist angeprangert.
Ein reisender Heilkundiger reißt einer Frau einen Zahn heraus. Gleichzeitig preist er seine Dienste als „Wurmdoktor“ an. - *Wurmkrankheiten** sind sehr verbreitet. Unter den von Stadt zu Stadt ziehenden „Medizinern“ gibt es viele *Scharlatane**.

unten:
Ein Fleischhauer und eine Bauersfrau bieten ihre Waren feil.

- Markt darf nicht überall abgehalten werden. Warum nicht?
- Was bedeutet das „Marktkreuz“? Wo steht es?
- Wie können Käufer und Kunden auf dem Markt betrogen werden?
- Was ist ein Pranger?
- Warum kommt jemand an den Pranger?
- Kannst Du Dir denken, warum Verurteilte am hellichten Tag auf dem Marktplatz öffentlich angeprangert werden?
- Was kann man auf dem Markt alles kaufen?
- Was gibt es damals noch nicht?
- Warum gibt es noch kaum Ladengeschäfte?

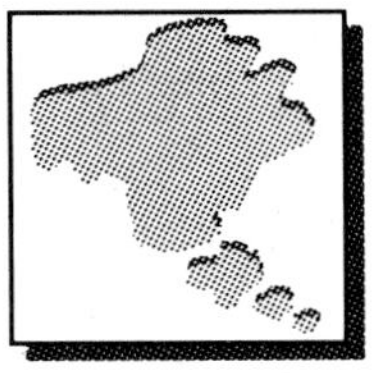

Du bist einen Tag lang an den Pranger gestellt.
Was denkst und fühlst Du?

Der Markt

Arbeitsblatt 22

Die Stadt

oben links:
Vor den Toren der Stadt leben „Aussätzige" in ärmlichen Hütten. Angehörige versorgen sie mit Lebensmitteln. Wenn ein Gesunder in ihre Nähe kommt, müssen sie ihn durch das Geräusch der Rassel warnen. Ihre besondere Kleidung warnt ebenfalls vor der Ansteckungsgefahr.

oben rechts:
*„Fahrendes Volk"** (Gaukler, Puppenspieler, Tanzbärenführer, Musikanten) bringt Abwechslung in den eintönigen Alltag.

unten:
Zum Stadtbild gehören die Bettler. Sie warten meist in der Nähe der Kirche auf Spenden und milde Gaben.

- Was ist der „Aussatz"?
- Warum werden die Aussätzigen - ungeachtet ihrer Herkunft - aus der Stadt verbannt?
- Was bringt Menschen „an den Bettelstab"?
- Warum halten sich die Bettler vor allem in der Nähe von Kirchen auf?
- Was gibt man ihnen? (Beachte die Schalen!)

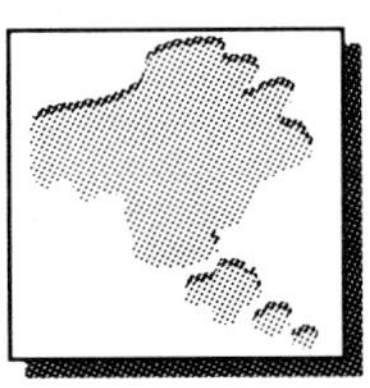

Ein Familienmitglied zeigt die ersten Anzeichen des Aussatzes.
Wie verhältst Du Dich?

Menschen am Rande

Die Kirche

Die Kirche im Mittelalter hat eine sehr große Macht. Die Bischöfe und der Papst sind gleichzeitig auch *weltliche** Fürsten. Sie *residieren** in großen Städten.

oben:
Links ein Bischof, begleitet von einem Priester, der ihm ein wertvolles Kreuz voranträgt.
In der Mitte ein predigender Mönch auf der Kanzel einer Kirche. Rechts eine Nonne, die sich eines Bettlers erbarmt.

unten:
Ein wertvolles Gemälde entsteht. Ein Lehrling malt nach einer Vorlage, die ihm sein Meister zeigt, an einem Marienbild. Die Kunst ist ein „normales" Handwerk. Rechts ein reicher Bürger mit seiner Frau. Sie stiften das Bild für eine Kirche, in der es ausgestellt wird. Dafür erscheinen der Bürger und seine Frau auch auf dem Gemälde.

- Nenne die Zeichen des Reichtums und der Macht des Bischofs!
- Woraus besteht der unermeßliche Reichtum der Kirche?
- Kannst Du Dir erklären, warum die (mündliche) Predigt für die „einfachen" Gläubigen so wichtig ist?
- Die Kirche tut „Werke der Barmherzigkeit". Wem wird durch ihre Barmherzigkeit geholfen?
- Kannst Du Dir vorstellen, warum jemand ein teures Gemälde in Auftrag gibt und dann der Kirche schenkt?

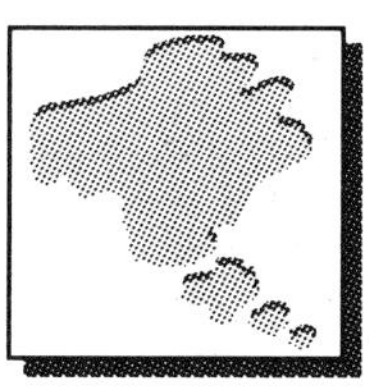

Du bist ein reicher Mann. Würdest Du ein Gemälde malen lassen und es der Kirche schenken?

Die Kirche

Die Stadtmauer

Die Städte im Mittelalter sind immer von einer Stadtmauer umgeben. Die Stadt ist gleichzeitig auch eine Festung, die verteidigt werden kann.

oben:
Links eine Kontrolle am Stadttor, rechts ein Turmwächter.

unten:
Eine Stadt wird angegriffen, die Stadtmauer verteidigt.

- Beschreibe die Szene am Stadttor!
  Wer kommt in die Stadt? Warum?
  Warum wird kontrolliert? Wer kontrolliert am Tor?
- Was beobachtet der Wächter im Turm?
  Was soll die Trompete? Wovor soll er warnen?
- Erkläre, warum Städte belagert werden!
- Wie geht eine Belagerung vor sich? Wie wird die Stadt verteidigt?
- Beschreibe die Waffen und Kriegsgeräte (auch die, die Du nicht im Bild siehst!)!
- Welche Leute verteidigen die Stadt?

Du bist Torwächter. Worauf achtest Du besonders?

Die Stadtmauer

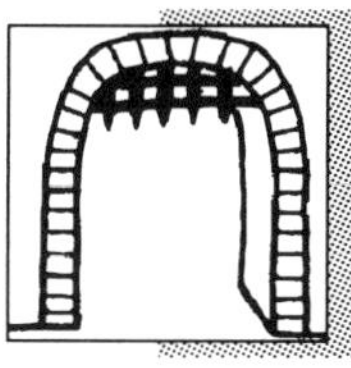

Recht und Strafen

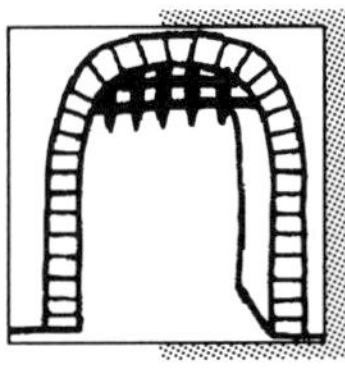

Die Stadt

Die Strafen für „Missetaten“ sind sehr hart. Sie werden meist „an Leib und Leben“ vollzogen.
Die „Lebensstrafen“ kosten den Verurteilten das Leben.
Die „Leibesstrafen“ kann man überleben. Trotzdem sind sie äußerst grausam. Die Verurteilten sind für ihr weiteres Leben verstümmelt.
Alle Bestrafungen erfolgen öffentlich auf einem Richtplatz, der sich meist auf dem Marktplatz oder einer allen zugänglichen Richtstätte befindet.
Die Angehörigen der höheren Stände und Adlige können sich von diesen Strafen durch hohe Geldbußen loskaufen.
Dem *„gemeinen Mann“** bleibt nur die Flucht, um solchen Qualen und Martern zu entgehen.

- Warum werden alle diese schrecklichen Bestrafungen öffentlich ausgeführt?
- Auf dem Bild siehst Du also keine Folter! Das sind ganz „normale“ Strafen. Kannst Du Dir vorstellen, warum alle Strafen so grausam sind?
- Warum ist immer ein Priester dabei?

Vielleicht findest Du heraus, welche Strafe für welches Vergehen verhängt wird?

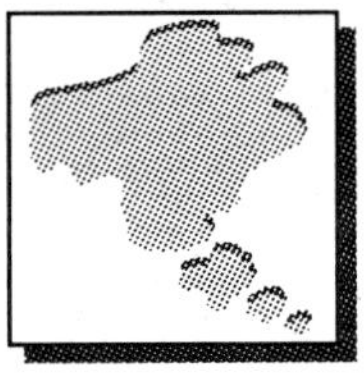

Du wohnst in einer mittelalterlichen Stadt. Würdest Du Deine Kinder mitnehmen, um einer Hinrichtung zuzusehen?

Recht und Strafen

Die Stadt

Eine der schlimmsten Krankheiten des Mittelalters, den „Aussatz“ (Lepra), hast Du schon kennengelernt. Die Lepra ist immer da.
Der „Schwarze Tod“ aber, die Pest, kommt in großen *Epidemien** von Zeit zu Zeit über Europa. Sie verbreitet sich schnell und befällt die Menschen massenhaft.

oben:
„Barmherzige Brüder“, das sind Angehörige eines *Ordens**, transportieren Tote, die an der Pest gestorben sind, aus der Stadt. Es gibt keine Heilmittel gegen diese Seuche. Die Menschen können sich auch nicht erklären, wie die Krankheit entsteht. Die brennenden Kohlen, die die Ordensbrüder mit sich führen, sollen den „giftigen Odem“ (= Atem, Luft) vertreiben, den viele für die Ursache der Pest halten.

unten:
Links treibt ein Stadtsoldat eine jüdische Familie aus der Stadt. Viele Menschen damals glauben, daß die Juden, die in allen Städten in bestimmten Vierteln leben müssen, die Brunnen vergiftet haben und daß dadurch die Pest entsteht.
Der alte Mann trägt einen „Judenhut“, alle tragen ein Abzeichen, das „Judenmal“ an der Kleidung.
Judenverfolgung und Mord an Juden gibt es also schon im Mittelalter.
Rechts sind „Geißler“ zu sehen. Sie halten die Pest für eine Strafe Gottes. Indem sie sich selbst bestrafen und auspeitschen („geißeln“) glauben sie, Gott milde zu stimmen und der Krankheit zu entgehen.

- Erkundige Dich über die Pest - über ihre Ursachen, über den Verlauf der Krankheit!
- Erkundige Dich über das Schicksal der Juden im Mittelalter! Kannst Du Dir erklären, warum sie immer wieder den „Sündenbock“ spielen mußten, warum sie immer wieder grausam verfolgt, ausgeplündert und sogar ermordet wurden?

Die Pest hat die Nachbarstadt erreicht. Du bist Handwerker.
Was tust Du?

Der 30jährige Krieg

oben:
Im Bild siehst Du einen Fürsten und seine Frau, einen *protestantischen** Geistlichen, einen *Feldherrn** des Fürsten und den „Hofzwerg".
Adel und Militär - sogar einfache Soldaten - sind prächtig gekleidet. Schwere, teure Stoffe in vielfältigen Farben werden verarbeitet. Stickereien mit Silber- und Goldfäden machen die Kleidung sehr kostbar. Das Haar wird kunstvoll frisiert.

unten:
Das gehobene Bürgertum - einen Geistlichen siehst Du oben im Bild, hier ein Gelehrter (er ist *Astrologe** und *Astronom**), ein *Jurist** und ein Kaufmannsehepaar - spielt im 30jährigen Krieg schon eine wichtige Rolle, gewinnt aber in Deutschland keinen wesentlichen Einfluß. Auffallend ist das Schwarz der Kleidung, das die „Ehrbarkeit" der Bürger ausdrücken soll. Der Reichtum wird bei ihnen vor allem durch die Qualität der Stoffe und die Spitzen zum Ausdruck gebracht.

Die Geistlichkeit ist mit dem jeweiligen Fürstenhaus eng verbunden. Es gilt der Satz: „Cuius regio, eius religio" (Wer die Herrschaft hat, der bestimmt die Religion).
Für uns heute kaum vorstellbare Bedeutung hat die Astrologie. Militärische und politische Entscheidungen werden oft nach dem Lauf der Sterne bestimmt. Fast an jedem Fürstenhof gibt es einen Hofastrologen, der das Schicksal voraussagt.
Die Juristen unterstützen die Fürsten bei der Organisation, beim Verfassen von Gesetzen und Verträgen.
Die Kaufleute und *Bankiers** finanzieren die Prachtentfaltung am Hof und die Feldzüge.

- Welche Rolle spielt wohl der Hofzwerg?
- Erkläre den Unterschied zwischen Astrologie und Astronomie!
- Wo findest Du heute die Aussagen von Astrologen?
- Ohne Kaufleute und Bankiers hätte kaum ein Fürst diesen langen Krieg führen können. Was hatten diese Berufsgruppen damit zu tun?

Nenne einige Ereignisse, bei denen ein Fürst im 30jährigen Krieg seinen Astrologen befragt haben könnte!

Du bist Feldherr. Dein Astrologe hat Dir für den nächsten Tag ein ungünstiges Horoskop gestellt. Riskierst Du trotzdem die Schlacht?

Der Alltag des Krieges

Arbeitsblatt 28

Der 30jährige Krieg

oben:
Der Offizier links trägt sehr bunte Kleidung, sogar mit Spitzenkragen und roter Schärpe. Ein Brustpanzer schützt ihn. Zu seiner Verteidigung hat er einen Degen bei sich. Alle anderen Soldaten sind ähnlich gekleidet, wenn auch in anderen bunten Farben. Lange Haare und Bart sind üblich.
Hier wird gerade ein Söldner angeworben. Er schreibt sich gerade ein, daß heißt, er macht drei Kreuze (xxx), denn lesen und schreiben kann er nicht. Er erhält dann seinen Sold, je nachdem, was er militärisch leisten kann und welche Waffen er mitbringt.
Rechts steht ein Musketier mit *Muskete** und *Lunte**, Degen und Gabel, auf die er die Muskete vor dem Schuß auflegt.
Am *Bandelier** hängt eine Pulverflasche und ein Kugelbeutel. Die kleinen Fläschchen dienen als Pulvermaß, je eines ist eine fertige Pulverladung.
Alle Personen halten sich vor dem Zelt einer *Marketenderin** auf, vor dem auch die Trommel der Einheit steht.

unten links:
Die Soldaten, deren Familien oft im *Troß** mit dabei sind, müssen sich im Krieg selbst versorgen. Hier werden Tote nach der Schlacht von einer Soldatenfamilie ausgeplündert.

unten rechts:
Söldner beim Überfall auf einen Bauernhof.
Die Soldaten im Dreißigjährigen Krieg haben ein Recht auf Beute.

- Warum werden Söldner angeworben?
- Wer wird Söldner?
- Welche Kleidung und Waffen benutzen sie? Beschreibe!
- Wozu wird die Trommel benutzt?

- Erkläre das damals entstandene Wort: „Der Krieg ernährt den Krieg!"
- Überlege: Warum sind häufig die Frauen und Kinder der Soldaten mit dabei?

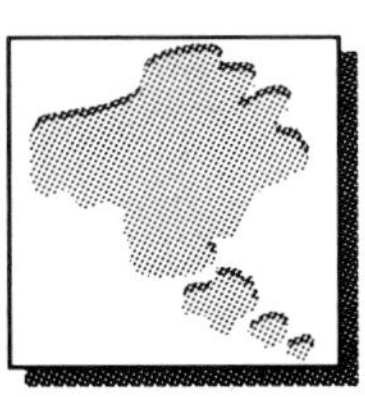

Dein Vertrag als Söldner ist abgelaufen. Willst Du ihn für den nächsten Feldzug verlängern?

Der Alltag des Krieges

Hexenwahn

Weltliche Obrigkeit und Kirche verfolgen und verurteilen Hexen. Durch grausame Folter (hier eine Streckbank) erpreßt man die Geständnisse. Ein solches Verhör nennt man „peinlich" (von „Pein" = Schmerz). Ein Schreiber nimmt die bei der Folter gemachten Aussagen zu Protokoll.

Unten eine Hexenverbrennung. Hexen werden nicht mehr als Menschen betrachtet, daher werden sie so ungeheuer brutal behandelt.

- Erkundige Dich nach dem Verlauf von Hexenprozessen!
- Untersuche, wie lange der Hexenwahn dauerte und wie viele Menschen (vor allem Frauen) diesem Wahnsinn zum Opfer fielen!
- Welche Arten von Folter kennst Du?
- Gibt es in unserem Jahrhundert noch Folter?
- Wie beurteilst Du die Aussagen, die unter der Folter gemacht werden?

- Du bist als Hexe angeklagt. Dir droht die Folter.
  Gestehst Du freiwillig, was man von Dir hören will?
- Deine Mutter ist als Hexe angeklagt. Wie verhältst Du Dich?

Hexenwahn

Bei Hofe

Im Mittelpunkt des Bildes steht der König. Er glaubt sich von Gott berufen und hält sich für seine Untertanen für ebenso wichtig wie die Sonne. Hinter ihm das königliche Wappen mit der Sonne.
Der König ist überaus kostbar und prächtig gekleidet. Seidenstrümpfe, kurze Hose und Schuhe mit hohen Absätzen gehören zur Tracht des Adels ebenso wie kunstvoll gestaltete und gepuderte Perücken. Bei der *Audienz** wird er von seiner Frau, seinem Kind und einem, adeligen Paar, das am Hof lebt, begleitet.

Bittsteller oder ausländische Gesandte werfen sich vor ihm nieder.
Bei Hofe leben auch die hohen Geistlichen.

Du bist für das Amt des königlichen Nachttopfträgers (das gab es wirklich!) ausgewählt worden. Nimmst Du das ehrenvolle Amt an?

Bei Hofe

Luxus und Arbeit

Arbeitsblatt 31

Der Absolutismus

Die feine Gesellschaft, Adelige, sitzen zu Tisch. Man unterhält sich und trinkt Wein. Ein Diener bringt auf einem silbernen Tablett das üppige Mahl. Zur Unterhaltung gibt es Musik. Zwei Musiker begleiten eine Sängerin. Achte auf die kostbaren Möbel und Instrumente!

Die untere Hälfte des Bildes zeigt eine *Manufaktur**. Vor seinem Betrieb der Manufakturbesitzer. Er überzeugt sich vom Ablauf der Arbeit. In der rechten Hand hat er sein Auftragsbuch.
Rechts ein Bauernehepaar.

- Vergleiche die Personen, ihre Kleidung und ihre Tätigkeiten!
- Warum sind diese unterschiedlichen Szenen wohl auf einem Blatt dargestellt?
- Wozu wurden Manufakturen errichtet?

Du bist Musiker bei Hofe. Während des Konzertes lachen und sprechen die feinen Herren und Damen laut. Wie fühlst Du Dich?

Luxus und Arbeit

Geschäfte auf der Straße

Viele Angehörige des 3. Standes in den Städten verdienen ihren Lebensunterhalt, indem sie an jedem Werktag Geschäfte auf den Straßen machen und Waren direkt an die Haustüren bringen. Läden, wie wir sie heute kennen, gibt es kaum.

oben:
Ein Mann verkauft Bilddrucke, eine Frau Käse. Bauern gehen jeden Tag durch die Straßen und bieten Milch und Korn an.
Der Junge kann sich gleich auf der Straße einen Becher Milch kaufen.

unten:
Vorne eine Brot- und Gebäckverkäuferin, in der Mitte verkauft ein Mann Lotterielose. Ein armes Mädchen und sein Bruder versuchen, Schnürsenkel zu verkaufen. Ein ehemaliger Soldat muß betteln.

- Warum, glaubst Du, gibt es damals noch keine Läden?
- Warum gibt es diese Art des Straßenverkaufs bei uns kaum noch, wohl aber in anderen Ländern (z.B. in der Türkei, in Indien, in Südamerika)?

Du hast einen „Bauchladen". Was würdest Du am liebsten verkaufen?

Geschäfte auf der Straße

Das stehende Heer

Erstmals stellt Ludwig XIV ein „stehendes Heer“ auf, das stets einsatzbereit ist.

Ein Trommler erleichtert den Gleichschritt der Soldaten, er trommelt militärische Kommandos und feuert zum Kampf an.
Seine Uniformjacke hat bunte Ärmel, meist rot-weiß, und sogenannte „Schwalbennester“ an den Schultern.
Der zweite Soldat stopft gerade mit seinem Ladestock eine Pulverladung in den Lauf, man muß schon ziemlich groß sein, um das zu schaffen.
Ein Offizier prügelt auf einen Soldaten ein.
Die Offiziersuniform besteht aus einem Dreispitz und einem Uniformrock. Die Grundfarbe ist bei den preußischen Soldaten blau, in Rußland grün, in Österreich weiß, bei den Engländern rot, in Frankreich weiß (nach der Französischen Revolution blau). Die Soldaten haben weiße Knopfleisten an ihren Uniformen, die Offiziere silberne.
Die Soldaten des stehenden Heeres rücken in geschlossenen Reihen vorwärts und feuern auf Kommando zur gleichen Zeit.

Welche Unterschiede gibt es zwischen dem „stehenden Heer“ und den Söldnerheeren des Mittelalters und des 30jährigen Krieges?

Unerbittlich treibt Dich der Offizier dem Feind entgegen. Um Dich herum fallen immer mehr Deiner Kameraden. Fliehst Du?

Das stehende Heer

Adel und Volk

oben:
Adlige Damen und Herren amüsieren sich auf einem der vielen Bälle. Die feinen Herrschaften benutzen viel Parfüm und Schminke. Sogar die Männer benutzen Rouge. Die Frauen tragen Perücken, die bis zu einem Meter hoch sind. Auch die Männer haben immer weißgepuderte Perücken auf.

unten:
Die Bürger sind, auch wenn sie wohlhabend sind, sehr viel einfacher gekleidet. Ihre Kleidung ist nicht bunt und farbenprächtig, sondern meist schwarz, grau oder braun.
Auf dem Bild gibt ein Architekt gerade Bauarbeitern seine Anweisungen. Im Hintergrund verfolgt der Bauherr, wie die Arbeit vorangeht. Die Arbeiter - wie auch die Bauern - gehören ebenso wie die Bürger zum „Dritten Stand", auf den die Adligen hochmütig herabschauen.

- Was fällt Dir am Aussehen der Adligen besonders auf?
- Beschreibe, wie ein adliger Herr und eine adlige Dame gekleidet sind!
- Kannst Du Dir erklären, warum die Adligen sich so auffallend herausputzen, während die Bürger viel bescheidener gekleidet sind?

- Du bist ein Adliger oder eine Adlige. Die Angehörigen des Dritten Standes kritisieren Dein Luxusleben. Wie rechtfertigst Du Dich?
- Du bist ein Bürger oder eine Bürgerin. Was hältst Du vom Leben des Adels?

Adel und Volk

Generalstände und Nationalversammlung

oben:
Der König von Frankreich braucht wieder einmal mehr Geld. Er beruft die *„Generalstände“** ein.
Auf dem Bild diskutieren Abgeordnete der drei Stände. Ein Wachtposten aus der königlichen *Garde** beobachtet sie. Die *Abgeordneten** tragen die Kleidung, die den Vertretern der drei Stände für diese Versammlung vorgeschrieben worden ist.

unten:
Die Einwohner von Paris verfolgen gespannt die neuesten Nachrichten aus der *Nationalversammlung**.

- Welcher Abgeordnete gehört zu welchem Stand?
- Die Forderungen und Beschlüsse der Nationalversammlung verbreiten sich in Windeseile in ganz Frankreich. Wie ist das möglich? (Sieh Dir das Bild genau an!)
- Auch die Kleidung der unten abgebildeten Personen sagt etwas über ihren Stand aus. Welchen Ständen und Berufen gehören sie an?

- Welche Forderungen hat der Dritte Stand?
- Was sind die wichtigsten Beschlüsse der Nationalversammlung?

- Du bist gewählter Abgeordneter des Dritten Standes.
  Welche Forderungen stellst Du an Adel und König?
- Du bist ein Zeitungsjunge. Um möglichst viele Zeitungen zu verkaufen, rufst Du die neuesten *Schlagzeilen** aus.
  Welche Neuigkeiten gibst Du bekannt?

Generalstände und Nationalversammlung

Die Revolutionsarmee

Viele Adlige verlassen fluchtartig das Land, weil ihr Leben bedroht ist. Die Könige und Fürsten der Nachbarländer Frankreichs befürchten, daß auch in ihren Ländern eine Revolution ausbrechen könnte. Ausländische Armeen wollen mit Waffengewalt die alten Zustände in Frankreich wiederherstellen.
Da die alte königliche Armee zerfallen ist, erfindet die revolutionäre Regierung die „allgemeine Wehrpflicht“: Von nun an verlangt der Staat von allen männlichen Bürgern den Militärdienst. Vorher hatte es nur *Söldner**armeen gegeben.

oben links:
Ein General der Revolutionsarmee. Früher konnten solche hohen Posten nur von Adligen besetzt werden, jetzt hat jeder Soldat die Chance, bis ganz nach oben aufzusteigen.

oben rechts:
Freiwillige und Wehrpflichtige tragen sich in die Armeelisten ein.

unten:
Soldaten der Revolutionsarmee auf dem Marsch.

- Auf der *Standarte** des Generals stehen drei französische Wörter. Was bedeuten sie?
- Gibt es bei uns in der Bundesrepublik auch die allgemeine Wehrpflicht?
- Als die Offiziere der angreifenden Armeen die französischen Revolutionssoldaten erblicken, sind sie überzeugt, die Franzosen schnell und leicht besiegen zu können.
  Wie kommen sie zu dieser Meinung?
- Zu ihrer großen Bestürzung siegt die schlecht ausgerüstete, zerlumpte Revolutionsarmee. Warum war sie siegreich?

Im Krieg gegen die ausländischen Angreifer entsteht die heutige französische *Nationalhymne**, die „Marseillaise“. Versuche, eine deutsche Übersetzung ihres Textes zu finden! Vielleicht könnt Ihr Euch auch die Melodie anhören?

- Du meldest Dich freiwillig zur Verteidigung des Vaterlandes zur französischen Revolutionsarmee. Was sind Deine Gründe?
- Würdest Du Dich freiwillig zur Bundeswehr melden?

Die Revolutionsarmee

Die Revolutionäre

Arbeitsblatt 37

Französische Revolution

Vom *Revolutionskomitee** zum Tode Verurteilte werden auf der *Guillotine** hingerichtet. Viele Zuschauer verfolgen interessiert dieses „Schauspiel".
Vorn im Bild eine Gruppe revolutionärer Bürgerinnen und Bürger, die sich mit den Nationalfarben geschmückt haben.

- Wie zeigen die Menschen vorn im Bild auch äußerlich, daß sie Anhänger der Revolution sind?
- Der Erfinder der Guillotine war der Meinung, daß seine „Hinrichtungsmaschine" besonders „menschenfreundlich" sei.
  Wie kommt er zu dieser Meinung?

- Besonders aktive Revolutionäre werden „Sansculottes" genannt. Versuche, die Bedeutung dieser Bezeichnung herauszufinden!
- Die wichtigste Rolle bei der Revolution spielen die „Jakobiner". Versuche, etwas über diese Gruppe von Revolutionären herauszubekommen (Personen, Forderungen, Name)!

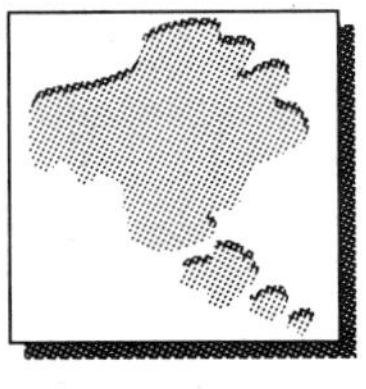

Du bist Dr. Guillotin. Vor der Nationalversammlung versuchst Du, die Abgeordneten dazu zu bringen, Deine Erfindung, die „Guillotine", einzuführen. Wie versuchst Du, die Abgeordneten zu überzeugen?

Die Revolutionäre

Nach der Revolution

Durch die Revolution hat sich in Frankreich vieles geändert. Die Adligen haben ihre Macht verloren. Viele werden hingerichtet oder fliehen. Die reichen Bürger werden jetzt die mächtigste Schicht im Land. Den Arbeitern und Bauern geht es auch nicht viel besser als vor der Revolution, sie sind aber viel selbstbewußter geworden und lassen sich nicht mehr unterdrücken.

Oben:
Ein junger Mann aus dem Bürgertum spricht höflich mit zwei Damen. Daneben sieht man einen Unternehmer mit Arbeitern.

Unten:
Auffällig gekleidete Jugendliche sind in einen Streit geraten. Ein „ehrbares" Bürgerpaar schaut mißtrauisch zu ihnen hinüber.

- Die reichen Bürger haben eine ganz andere Auffassung vom Leben und von der Arbeit als vorher die Adligen. Welche wichtigen Unterschiede gibt es zwischen Adligen und Bürgern?
- Obwohl diese Bürger oft sehr reich sind, zeigen sie ihren Reichtum nicht mehr so auffällig wie zuvor die Adligen. Warum protzen sie nicht mehr mit ihrem Geld und Besitz?
- Auch in der Art, wie sich die jungen Leute kleiden, zeigt sich die neue Freiheit. Warum hätten sich Jugendliche aus dem Volk vor der Revolution nicht so „wild" kleiden dürfen?
- Warum regen sich Ältere - damals wie heute - häufig über solche „auffallenden" Jugendlichen auf?

Du bist reich und kannst Dir viel leisten. Welchen Luxus würdest Du Dir gönnen? Auf welchen Luxus würdest Du verzichten?

Nach der Revolution

Ruhm und Ehre

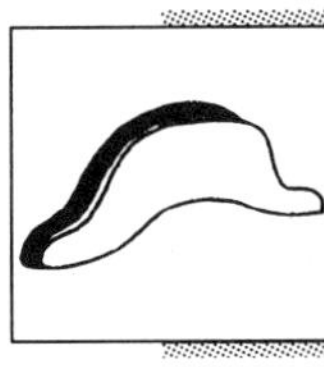

Arbeitsblatt 39

Das Zeitalter Napoleons

Während der Französischen Revolution macht ein junger Offizier schnell *Karriere**: Napoleon Bonaparte.
Schon bald wird er General, dann Regierungschef, und nach einigen Jahren (1804) krönt er sich selbst zum „Kaiser der Franzosen". Er will, daß Frankreich die stärkste Macht in Europa wird. Die anderen europäischen Herrscher „von Gottes Gnaden", wie sie sagen, lehnen diesen Kaiser „von Volkes Gnaden" ab. Außerdem wollen sie eine Vorherrschaft Frankreichs in Europa verhindern. So kommt es zu jahrelangen Kriegen, in denen Napoleons Armeen große Teile Europas erobern und besetzen.

Im Vordergrund des Bildes sehen wir Generäle der Armee Napoleons, die einen Schlachtplan entwerfen.
Dahinter steht die Garde Napoleons und wartet auf den Befehl zum Angriff. Der Kaiser selbst beobachtet von einem Hügel aus den Beginn der Schlacht. (Seht Ihr Napoleon?)

- Vor der Schlacht reinigen die Soldaten ihre Uniform. Sie befestigen ihre Federbüsche an den Kopfbedeckungen und legen ihre Orden an. Warum machen sie sich „fein" für den Kampf?
- Ein General führte manchmal 50.000 Mann in eine Schlacht.
  Wie läßt sich eine solch riesige Zahl von Soldaten überhaupt lenken?
- Wodurch unterscheidet sich ein Soldat von damals von einem Soldaten unserer Zeit?

Die Armee wird aufgeteilt in *Infanterie**, *Artillerie**, *Kavallerie**.
Welche Aufgaben haben diese verschiedenen Truppenteile?

Du führst als Befehlshaber eine Truppe von 10.000 Mann in die Schlacht. Der Widerstand des Gegners wird immer stärker. Deine Verluste steigen. Wie hoch müßten Deine Verluste an Toten und Verwundeten sein, damit Du den Befehl zum Rückzug gibst?

Ruhm und Ehre

Nach der Schlacht

Die Schlacht ist vorbei. Soldaten tragen einen Verwundeten vom Schlachtfeld. Andere zwingen einen Bauern, einen Schwerverletzten mit seiner Karre wegzufahren.
Im Hintergrund plündern Soldaten die Toten und Verwundeten aus, um Beute zu machen.
Die eigenen Verwundeten schafft man zu einem Lazarett, in dem grauenhafte Zustände herrschen. Viel kann man nicht tun, um den Verwundeten zu helfen. Ärzte amputieren ohne Betäubung - die Verwundeten bekommen höchstens einen Schluck Alkohol - verletzte Arme und Beine.
Viele überleben solche „Operationen" nicht.
Um die Verwundeten des Gegners kümmert man sich meist überhaupt nicht.

- Welche Arten von Verwundungen gibt es im Krieg? Wie entstehen sie? Welche Verwundungen sind tödlich, welche kann man überleben?
- Die Ärzte und Sanitäter in den Lazaretten behandeln die Verwundeten oft rücksichtslos und brutal. Wie erklärst Du Dir ihre Roheit?
- Warum verbieten die militärischen Führer nicht das Ausplündern der Toten und Verwundeten?
- Warum gibt es immer genügend Soldaten, obwohl diese doch wissen müßten, welche schrecklichen Verletzungen man im Krieg erleiden kann?

Du findest einen verwundeten Soldaten der feindlichen Armee.
Hilfst Du ihm?

Nach der Schlacht

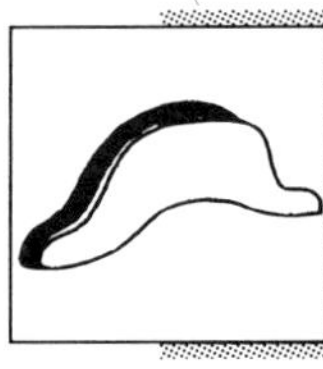

Arbeitsblatt 41

Das Zeitalter Napoleons

Die Unterdrückung durch die Armeen Napoleons ruft in den besetzten Ländern immer mehr Widerstand hervor. In Deutschland geben Frauen und Männer freiwillig Schmuck und andere Wertsachen ab, damit die Regierung mit diesem Geld die besiegte Armee neu ausrüsten kann. Bei manchen ist der Haß auf die Franzosen so groß, daß sie sogar eine eigene „deutsche" Kleidung tragen, um sich auch äußerlich von den Franzosen zu unterscheiden. Man trägt auch wieder langes Haar und Vollbärte, wie die Vorfahren sie einst getragen hatten.
Die Jungen trimmt man an Turngeräten, damit sie „fit" für den kommenden Krieg gegen Napoleon werden.
Die Regierung führt - wie die Franzosen schon lange vorher - die allgemeine *Wehrpflicht** ein, um mehr *reguläre** Soldaten (im Bild unten rechts!) zu bekommen.
Viele melden sich aber auch freiwillig. Wer genug Geld hat, bezahlt sogar Waffen und Uniform selbst. Arme Leute, die sich freiwillig melden, werden mit ganz alten Waffen und billigen Kleidungsstücken ausgerüstet.

- Warum entsteht durch die Besetzung des Landes soviel Haß auf die französische Armee?
- Hältst Du es für richtig, daß junge Leute schon vor dem Eintritt in die Armee militärisch trainieren?
- Manche Sportgeräte, die Du aus dem Turnunterricht kennst, sind damals für das „Kriegstraining" erfunden worden. Welche Sportgeräte sind das? Welche Fähigkeiten der Soldaten sollten daran trainiert werden?
- Wie findest Du die Idee, aus Stolz auf das eigene Volk eine „deutsche" Kleidung zu tragen?

Du besitzt einen wertvollen goldenen Schmuck. Spendest Du ihn - wie es andere auch tun - für die Aufrüstung der Armee?

Befreiungs-krieg

Zeit der Veränderung

Auf dem Marktplatz einer kleinen Stadt berichtet ein *Bänkelsänger** seinen staunenden Zuhörern von sensationellen Ereignissen: Er singt eine *Moritat**, und seine Frau zeigt dazu in bunten Farben gemalte Bilder.
Lange Zeit war das - neben dem mündlichen Erzählen - die einzige Form der Weitergabe von Nachrichten und Neuigkeiten. Und außerdem eine willkommene Ablenkung vom oft langweiligen Alltag.
Auch der Postillion hört gespannt zu, während seine Postkutsche abfahrbereit wartet.
Ein Reisender, der es eilig hat, kommt verärgert auf den Postillion zu.

Viele hundert Jahre lang sind Pferd und Wagen, später die Postkutsche, das alleinige Verkehrsmittel zu Lande. Reisen sind sehr beschwerlich und dauern sehr lange. Die Straßen sind nur in den seltensten Fällen gepflastert. Bequem und komfortabel also ist das Reisen nicht. Und einen genauen Fahrplan gibt es erst recht nicht.

Vorne links siehst Du einen wandernden Handwerksburschen. Es geht *„auf Schusters Rappen"** von Ort zu Ort. Daneben steht ein Bauer mit seiner Frau.

Im Vordergrund des Bildes geht eine wohlhabende Bürgerfamilie. Der Herr hat gerade von einem Zeitungsjungen eine neue Zeitung gekauft: Zeitungen entstehen im vorigen Jahrhundert in immer mehr Städten, sie werden bald wichtiger für die Weitergabe von Nachrichten und Neuigkeiten als die Bänkelsänger.

- Weißt Du schon, wer im Bild der Postillion ist? Woran erkennst Du ihn?
- Von welchen Ereignissen berichtet der Bänkelsänger?
- Warum informiert sich der wohlhabende Herr wohl lieber aus der Zeitung?
- Wie reisten die Leute früher? Es gibt noch andere als die abgebildeten Möglichkeiten!
- Berechne doch mal, wie lange eine Postkutsche von Deinem Wohnort bis nach Hamburg oder München braucht. Die Kutsche legt etwa 10 Kilometer in der Stunde zurück. Aber bedenke: Kann sie den ganzen Tag fahren?
- Welche Aufgaben hat die Postkutsche?
- Beschreibe die Ausrüstung und Uniform des Postillions!

Der Mann unten links ist ein wandernder Handwerksbursche. Versuche, mehr über das Leben und die Arbeit der Handwerksgesellen herauszubekommen!

Du bist Postillion. Was kann unterwegs alles passieren, so daß Deine Postkutsche nur sehr verspätet ihr Ziel erreicht?

Zeit der Veränderung

Die Eisenbahn bewirkt eine gewaltige Veränderung im Leben der Menschen.
Oben im Bild beobachten ein wandernder Handwerksgeselle und eine Bauernfamilie staunend die mit „rasender Geschwindigkeit" vorbeifahrende Eisenbahn.

Unten links erwartet ein offensichtlich wohlhabendes Bürgerehepaar auf dem Bahnsteig das Eintreffen des Zuges.

Unten rechts siehst Du einen Ingenieur, der Arbeitern in der Fabrik Anweisungen für den Bau einer Dampflok gibt.

- Wie reagieren wohl der Handwerksbursche und die Bauernfamilie auf die vorbeifahrende Eisenbahn?
- Überlege einmal, welche Veränderungen der Landschaft der Eisenbahnbau mit sich bringt!
- Die Eisenbahn befördert nicht nur Personen. Welche Aufgaben übernimmt sie noch?
- Mit der Entstehung der ersten Bahnlinien werden auch Bahnhöfe gebaut und Fahrpläne entwickelt. Kannst Du Dir vorstellen, warum die Menschen allmählich ein ganz anderes Zeitgefühl als vor der Erfindung der Eisenbahn bekommen? (Sieh Dir mal den Mann auf dem Bahnsteig an!)
- Die Entwicklung der Eisenbahn ist nur ein Zeichen für einen ungeheuren technischen Fortschritt im vorigen Jahrhundert. Nenne einige technische Vorgänge und Erfindungen, die mit dem Eisenbahnbau zu tun haben.
- Die ersten Eisenbahnen bringen es auf etwa 30 Stundenkilometer. Wie lange dauert die Fahrt von Deinem Heimatort bis nach Hamburg oder München? Vergleiche die Reisedauer der Eisenbahn und der Postkutsche!

- Wo fahren in Deutschland zuerst Eisenbahnen?
- Welche grundlegende Erfindung macht die Eisenbahn erst möglich?
- Es gibt viele Geschichten von den ersten Eisenbahnen.
  Versuche eine zu finden! Lies sie in der Klasse vor, erzähle sie oder male eine Comic-Reihe dazu!

Du bist ein Bauernjunge oder ein Bauernmädchen und siehst auf einer Wanderung zum ersten Mal in Deinem Leben eine Eisenbahn. Was denkst Du? Gehst Du näher ran, um die Schienen und Bahnanlagen zu untersuchen?

Die Eisenbahn

Arbeitsblatt 44

Zeit der Veränderung

Viele Handwerker und Bauern, die keine Arbeit mehr finden, strömen als Arbeiter in die überall entstehenden *Fabriken**.

oben:
Ein Arbeiter bittet den Unternehmer um etwas - vielleicht um ein paar Stunden unbezahlten Urlaub, um ein paar Pfennige mehr Lohn, um eine Stelle für seine neunjährige Tochter ...
Gibt es in der Fabrik wegen der langen Arbeitszeit oder wegen Entlassungen Unruhe, läßt der Unternehmer aus der nahegelegenen Kaserne Soldaten holen, die oft mit Gewalt die „Ordnung", die der *„Kapitalist"** haben will, wiederherstellen.

unten:
Ein *Buchhalter** stellt neue Arbeitskräfte ein. Trotz der Hungerlöhne und der langen Arbeitszeit reißen sich die Arbeitslosen um die freien Arbeitsplätze. Weil sich immer viele Arbeiter um eine freie Stelle bemühen, bleibt der Arbeitslohn niedrig. Der „Kapitalist" ist „Herr im Haus".

- Erkundige Dich nach Arbeitszeit, Lohn, Urlaub, Arbeitsbedingungen der Arbeiterinnen und Arbeiter und der Arbeiterkinder um die Mitte des vorigen Jahrhunderts!
- Was findest Du noch über das Leben der Arbeiter heraus? (Denke an Ernährung, Gesundheit, Wohnung, Bekleidung!)
- Die Unternehmer konnten die Arbeiter lange Zeit gegeneinander ausspielen. Zur Not hatten sie das Militär auf ihrer Seite. Langsam aber entwickeln die Arbeiter *Solidarität** untereinander.
  Welche Möglichkeiten haben die Arbeiter, um ihre Interessen (z.B. längere Pausen, kürzere Arbeitszeit, mehr Lohn) durchzusetzen?
- Informiere Dich über die Entstehung der *Gewerkschaften**!
- Erkundige Dich über die ersten Versuche der Arbeiter, sich gemeinsam gegen ihre Lage zu wehren!

Du bist ein Arbeiterkind. Wie sieht Dein Alltag aus?

Zeit der Veränderung

Im Jahre 1848 gibt es in ganz Europa Unruhen und *Revolutionen**. Das Volk begehrt auf: Viele Menschen haben genug von der Herrschaft der Könige und Fürsten.
In unzähligen Versammlungen, in Zeitungen und auf Flugblättern werden die Forderungen des Volkes verbreitet:

- Pressefreiheit: die Zeitungen sollen frei berichten können, ohne Rücksicht auf die Meinung des Herrschers;
- Gerichte und Richter sollen von den Fürsten unabhängig sein;
- gefordert wird das Recht, Vereine zu gründen und sich frei zu versammeln;
- es soll ein *Parlament** geben, in dem frei gewählte Abgeordnete die Zukunft des Landes besprechen und bestimmen.

Überall kommt es zu Unruhen gegen die Könige, Fürsten und ihre Minister und Beamten. Bürger, Handwerker, Arbeiter und Studenten bewaffnen sich, Soldaten schließen sich ihnen an.

oben:
Bürger, Handwerker, Studenten und Arbeiter treffen sich im Hinterzimmer eines Wirtshauses zu einer geheimen Versammlung. Werden sie entdeckt oder von einem Spitzel verraten, drohen ihnen lange Gefängnisstrafen. Die Versammlung bespricht ein Flugblatt, auf dem die Forderungen an den Landesfürsten erklärt werden.

unten:
Bürgerinnen und Bürger im Kampf gegen die Fürsten. Gegen die heranziehenden Soldaten wird eine *Barrikade** gebaut. Auch Frauen und Kinder helfen mit.
Rechts zwei Revolutionäre in der für sie typischen Kleidung: ein blauer Handwerkerkittel, ein rotes Halstuch, am Hut eine „Kokarde" (Stoffabzeichen) in den Farben der Revolution: schwarz, rot und gold. Auch der Revolutionär in der Mitte des Bildes hält eine schwarz-rot-goldene Fahne - für Fürsten und Könige das Zeichen des Aufruhrs gegen ihre Herrschaft.

- Welche Forderungen könnten auf dem Flugblatt stehen?
- Woraus ist die Barrikade zusammengebaut? Beschreibe einen Barrikadenkampf!

- Erkundige Dich nach dem Verlauf und dem Ende der Revolution von 1848/49 in Deutschland! Wer hat sich durchgesetzt? Warum?
- Findest Du heraus, woher unsere Nationalfahne „schwarz-rot-gold" stammt und was sie mit dieser Revolution zu tun hat?
- Auch unsere *Nationalhymne** stammt aus der Zeit vor der Revolution. Wer hat sie gedichtet? Hat ihr Inhalt etwas mit den Forderungen des Volkes zu tun?

Die Revolution ist gescheitert. Die Revolutionäre werden verfolgt. Du hast am Kampf gegen die Fürsten teilgenommen. Was tust Du jetzt?

Arbeitsblatt 46

Die Vereinigten Staaten

Viele Menschen sind im vorigen Jahrhundert aus Europa nach Nordamerika ausgewandert.

oben:
Auf einem Auswandererschiff. Die wochenlange Überfahrt über den Atlantik ist sehr beschwerlich. Auf engstem Raum sind viele Auswanderer zusammengepfercht, die oft ihr letztes Geld für die Überfahrt bezahlt haben oder sich in Schulden gestürzt haben, um in die „Neue Welt" zu kommen.

unten:
An der nordamerikanischen Ostküste angekommen, ziehen viele Auswanderer mit Planwagen weiter nach Westen.

- Erkundige Dich, aus welchen verschiedenen Gründen viele Menschen nach Nordamerika ausgewandert sind!
- Findest Du heraus, wer die ersten Auswanderer waren, die an der Küste Nordamerikas landeten?
- Berichte über die *Trecks** nach Westen!

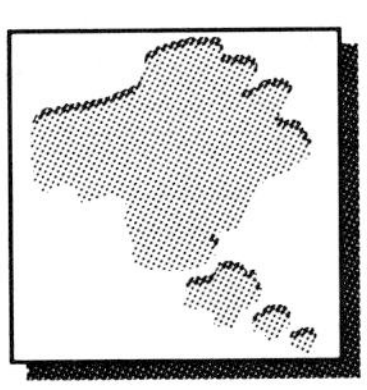

- Du bist Passagier auf einem Auswandererschiff. Erzähle den anderen Mitreisenden, warum Du Deine Heimat verläßt!
- Du bist gerade in New York angekommen. Was tust Du jetzt?

Die Auswanderer

Die Indianer

Die Vereinigten Staaten

Sicher hast Du schon viele Filme gesehen oder Bücher gelesen, in denen Indianer vorkommen und von ihrem Leben berichtet wird.

oben links:
Ein Indianer verhandelt mit einem weißen *Trapper** über ein Geschäft.

oben rechts:
Zwei Indianer mit ihren gerade eingetauschten Gewehren.

unten:
Armeesoldaten überfallen ein Indianerdorf. Auch Frauen und Kinder werden gnadenlos zusammengeschossen.

- Worüber könnten der Indianer und der Trapper verhandeln?
- Kannst Du Dir denken, warum die Soldaten das friedliche Dorf und die Indianer so grausam behandeln?

- Findest Du heraus, zu welchen Stamm die beiden Indianer oben rechts im Bild gehören?
- Berichte über das Leben der verschiedenen Indianerstämme!
- Warum nennen wir Indianer eigentlich „Indianer"?
- Wie endet der jahrzehntelange Krieg der Weißen gegen die Indianer?

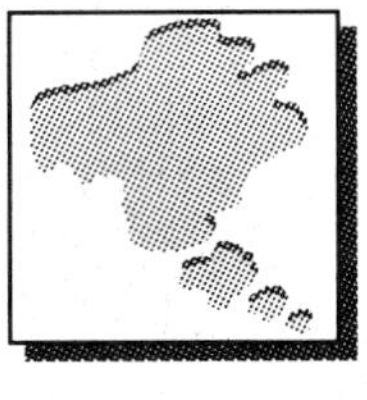

Du bist Häuptling eines Indianerstammes. Die Weißen wollen Euer Land für 50 Gewehre und ein paar Kisten Whisky kaufen.
Schließt Du den Handel ab?

Die Sklaven

Viele Schwarze arbeiten als *Sklaven** auf den *Plantagen** und Landgütern der Weißen, vor allem im Süden der USA.

oben links:
Sklaven arbeiten in den Baumwollfeldern.

oben rechts:
Schwarze arbeiten im Haushalt ihrer weißen Herren.

unten:
Auf einem Sklavenmarkt. Eine schwarze Familie wird verkauft.

- Für welche Arbeiten werden schwarze Sklaven verwendet?
- Was ist der Vorteil der Sklavenarbeit für die Sklavenbesitzer?

- Versuche herauszufinden, warum eigentlich Schwarze nach Amerika gekommen sind?
- Du kennst aus der Geschichte schon andere Beispiele von Ländern, in denen es *Sklaverei** gab. Erinnerst Du Dich?
- Wie wurde man zum Sklaven gemacht?
- Versuche ganz genau zu erklären, was das bedeutet: „Sklave"!

Du bist Sklavin. Dein Besitzer teilt Dir mit, daß Du, Deine Frau und Deine Kinder auf dem Sklavenmarkt verkauft werden sollen.
Was kannst Du dagegen tun?

Die Sklaven

Der Bürgerkrieg

Arbeitsblatt 49

Die Vereinigten Staaten

1860 bis 1865 zerfallen die USA in zwei Teile: die Nordstaaten und die Südstaaten. Sie führen einen blutigen *Bürgerkrieg** gegeneinander.

oben:
Ein Offizier und Soldaten der Südstaatenarmee.

unten:
Ein Offizier und Soldaten der Armee der Nordstaaten.

- Findest Du heraus, worum es in diesem Bürgerkrieg geht?
- Wie endet dieser Krieg?
- Versuche, die Farben der Uniformen und der Fahnen herauszubekommen, und male das Bild entsprechend aus!
- Manche Geschichtsforscher nennen den amerikanischen Bürgerkrieg den „ersten modernen Krieg". Findest Du heraus, warum? (Das untere Bild gibt Dir einen Hinweis.)

Du bist Soldat der Nord- oder Südstaaten. Macht es Dir etwas aus, auf Deine Landsleute zu schießen?

Der Bürgerkrieg

Cowboys und Kapitalisten

Arbeitsblatt 50

Die Vereinigten Staaten

Die USA sind ein ungeheuer großes Land. Im letzten Drittel des vorigen Jahrhunderts gibt es dort auf der einen Seite fast unberührte Gebiete (vom „Wilden Westen" hast Du ja schon vieles gehört), andererseits entstehen in den Großstädten an der Ost- und Westküste schon die ersten Wolkenkratzer.
In Massen wandern Menschen aus vielen Ländern der Welt, aus Europa, aber auch aus Asien, in die USA ein.

In den Städten entstehen große Fabriken und Werke. Viele Erfindungen werden in den USA gemacht. Auf der einen Seite gibt es Millionen sehr armer Menschen, andererseits entsteht großer Reichtum: Ford und Rockefeller sind nur zwei Beispiele für mächtige amerikanische *„Kapitalisten"**.
Während es den „Wilden Westen" tatsächlich noch gibt, sind die „Wild-West-Helden" schon über Zeitungen und Zeitschriften in den Großstädten berühmt: Jesse James, Wyatt Earp, „Buffalo Bill" sind Namen, die Du bestimmt schon gehört hast.
„Buffalo Bill" ist der erste, der den „Wilden Westen" im *Showbusiness** vermarktet. Er zieht mit seiner Show mit vielen Pferden, *Cowboys** und Indianern durch die Städte.

oben:
In einer kleinen Stadt im „Wilden Westen". Zwei Cowboys torkeln betrunken durch die Stadt. Sie setzen ihren Lohn gleich wieder in Alkohol um. Ein älteres Ehepaar beobachtet mißbilligend ihr Verhalten.
Ganz rechts und ganz links im Bild siehst Du zwei Indianer.

unten:
In einer Großstadt an der Küste. Links im Bild ein *Bankier** mit seiner Gattin, zwischen ihnen ein jüdischer Händler.
In der Mitte ein armes Auswanderer-Ehepaar. Ein schwarzer Zeitungsjunge verkauft die neueste Zeitung. Ein Junge aus wohlhabendem Haus liest einen „Comic" - eine illustrierte Bilderzeitung mit Wild-West-Geschichten.

- In den USA leben Menschen aus vielen verschiedenen *Nationen**. Gibt es Einwanderergruppen, die in den USA besonders „erfolgreich" sind? Oder welche, die meistens doch arme Leute bleiben?
- Denke an heutige Stars im amerikanischen Showbusiness. Kommen ihre Vorfahren auch aus verschiedenen Nationen?
- Kannst Du Gründe dafür finden, warum die USA heute eines der mächtigsten Länder der Erde sind?

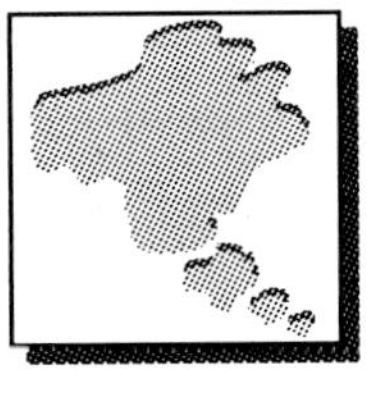

Du bist Besitzer eines Saloons in Dodge City und die Cowboys kommen ...

Cowboys und Kapitalisten

Die feine Gesellschaft

Das Kaiserreich

oben:
Ein *Fabrikant** mit seiner Familie und dem *Personal**. In der Mitte des Bildes der Fabrikbesitzer mit seiner Frau. Die „Gnädige Frau" legt großen Wert auf ihre Figur. Achte auf die „Wespentaille". Ihr Mann trägt selbstverständlich ein Hemd mit Stehkragen.
Links siehst Du die vier Kinder der Familie. Damals wollen viele Familien so viele Kinder haben wie der Kaiser. (Der hatte sieben!) Die Jungen tragen oft einen „Matrosenanzug". Das Schaukelpferd ist ein beliebtes Spielzeug in wohlhabenderen Familien. Die Kinder dieses reichen Fabrikanten haben meistens einen *Hauslehrer** und eine *Gouvernante**.

unten links:
Bei der *Promenade** im Park treffen zwei Offiziere eine „Gnädige Frau" mit ihrer Tochter.

unten rechts:
Der Fabrikant steht mit einem Geschäftspartner vor seiner Fabrik. Die vornehme Kopfbedeckung ist der Zylinder. Statt einer Brille tragen wohlhabende Leute gern ein *Monokel**.

- Wie zeigt der Fabrikant, daß er viel Geld hat und sehr mächtig ist?
- Schau Dir die ganze Seite an! Wie zeigen die „feinen Leute" ihre Macht und ihren Reichtum?
- Warum heiraten reiche und mächtige Männer meistens viel jüngere Frauen, die „natürlich" auch aus einer „feinen Familie" stammen müssen?
- Für welche verschiedenen Tätigkeiten in der Villa des Fabrikanten sind die „Dienstboten" zuständig?
- Warum grüßt der erwachsene Offizier wohl so *respektvoll** das kleine Mädchen?

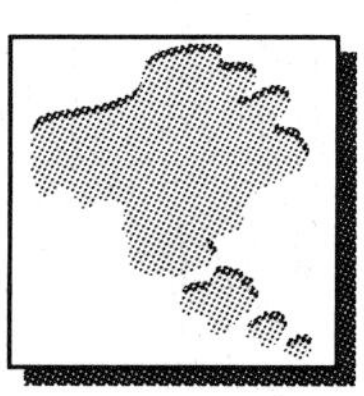

Du bist „die Minna" und arbeitest als Hausangestellte in einer Fabrikantenvilla. Wie behandelt Dich die „Gnädige Frau"?

Die feine Gesellschaft

Das Kaiserreich

oben:
Eine wohlhabende bürgerliche Familie in ihrer „guten Stube". Für „höhere Töchter" gehört das Klavierspielen zum guten Ton. Ein eigenes Klavier ist Ausdruck für Wohlstand und Bildung. Der erwachsene Sohn ist Student. An seiner Mütze und der *Schärpe** einer Studentenvereinigung kann man das gleich erkennen. Zu jeder bürgerlichen Familie, die es sich irgendwie erlauben konnte, gehört wenigstens ein Hausmädchen. Auch damit kann man nach außen Wohlstand zeigen. Die Jungen im Vordergrund spielen gern mit ihren Zinnsoldaten. Auch ihre Matrosenanzüge zeigen, daß das Militär damals eine wichtige Rolle gespielt haben.

unten:
Eine bürgerliche Familie - vielleicht der Direktor eines Gymnasiums mit seiner Frau und seinen Kindern - macht Urlaub in der „Sommerfrische". Nur wenige Menschen konnten sich damals eine Urlaubsreise leisten.

Rechts beaufsichtigt ein Bürovorsteher die Schreiber an den Schreibpulten. Schreibmaschinen gibt es kaum, meistens wird mit der Hand geschrieben. Das Wort „Bureau" kommt aus der französischen Sprache. Es wurde auch in Deutschland zuerst noch so wie im Bild geschrieben. Oft heißen die Büros auch noch „Kontor".

Wohin fährt man wohl in die Sommerfrische in dieser Zeit?

Du bist ein angesehener Bürger. Euer Hausmädchen erwartet ein Kind von Deinem Sohn. Was tust Du?
(Erkundige Dich genau, mach Dir die Antwort nicht zu leicht!)

Das Bürgertum

Die Arbeiterklasse

Die Arbeiter wohnen in engen, oft feuchten und kalten Mietwohnungen. Aufenthaltsraum für die ganze Familie (Eltern, Großeltern und Kinder) ist die Küche. Die Arbeiterfamilien haben meistens viele Kinder. Elektrisches Licht gibt es noch sehr selten, die Räume werden durch Petroleumlampen beleuchtet. Das Wasser wird mit Handpumpen aus dem Brunnen gepumpt. Für die morgendliche Wäsche benutzt man Wasserkrug und Schüssel. Die Toilette ist oft noch außerhalb des Hauses auf dem Hof, in moderneren Häusern schon im Treppenhaus.

Die Arbeiter haben nur wenig Freizeit. Samstags wird auch gearbeitet, und die tägliche Arbeitszeit ist sehr lang. Oft verbringen die Arbeiter ihre Freizeit in der Kneipe.

In den Fabriken wird schwer gearbeitet. Lärm- oder Unfallschutz sind weitgehend unbekannt.

Versuche soviel wie möglich darüber herauszubekommen, wie die Arbeiter und ihre Familien um die Jahrhundertwende leben und arbeiten! Berichte darüber!

Du bist Arbeiter. Worüber diskutierst Du mit Deinen Kollegen in der Kneipe?

Die Arbeiterklasse

Zucht und Ordnung

Arbeitsblatt 54

Das Kaiserreich

„Zucht und Ordnung" soll in Deutschland herrschen - so wollen es der Kaiser, seine Regierung und seine Beamten.
„Zucht und Ordnung" - das gilt zuallererst natürlich für das Militär.

oben:
Soldaten in der Feld- und Paradeuniform stehen in Reih und Glied. Ein Unteroffizier brüllt seine Befehle über den Kasernenhof. Er ist für die Ausbildung der Rekruten zuständig, die einen harten militärischen Drill über sich ergehen lassen müssen. Im Hintergrund steigt ein Hauptmann der kaiserlichen Armee auf sein Pferd.

unten links:
Auch in der Schule herrschen absoluter Gehorsam und strenge Disziplin. Die Kinder schreiben mit Feder und Tinte in „deutscher" Schrift, die ganz anders aussieht als die „Schreibschrift", die Du heute kennst. Die Schülerinnen und Schüler sitzen in festen Bankreihen hintereinander, der Lehrer erwartet peinliche Ordnung. Die Prügelstrafe gehört zum ganz normalen Alltag in den Schulen.

unten rechts:
Um „Zucht und Ordnung" sicherzustellen, gibt es viele Polizeibeamte. Ein Schutzmann mit seiner typischen „Pickelhaube" (so nennt man seinen Helm) steht vor einem Zuchthaus.
Auch die Pfarrer predigen, daß jeder „gute Deutsche" seinen Kaiser zu verehren hat und gehorsam gegenüber der „Obrigkeit" sein soll.

- Kannst Du Dir erklären, warum das Militär in der Kaiserzeit bei vielen Menschen so beliebt ist?
- Erkläre, was eine „Parade" ist, bei der die Soldaten ihre „Paradeuniform" tragen!
- Wie können Pfarrer eigentlich dazu beitragen, daß sich die Leute dem Kaiser und seiner Regierung unterordnen?
- 1899 sind durchschnittlich 59 Schüler und Schülerinnen in einer Klasse! Versuche, mehr über den Schulalltag damals herauszubekommen. Was ist anders als heute? Was ist gleich?
- Finde heraus, wie die „deutsche Schrift" aussieht. Manche älteren Leute können sie noch. Kannst Du das Wort auf der Tafel lesen? Vielleicht kannst Du Deinen Namen in dieser Schrift üben und dann schreiben?
- Vergleiche die Kleidung, Ausrüstung und Haltung eines Polizisten der Kaiserzeit mit der eines heutigen Polizisten!
- Heute wollen viele Polizisten „Freund und Helfer" der Bürger sein. Wie will ein Polizist im kaiserlichen Deutschland wohl von den Bürgern angesehen sein und behandelt werden?

Du bist Lehrer. Ein Schüler flüstert mit seinem Nachbarn. Was tust Du?

Zucht und Ordnung

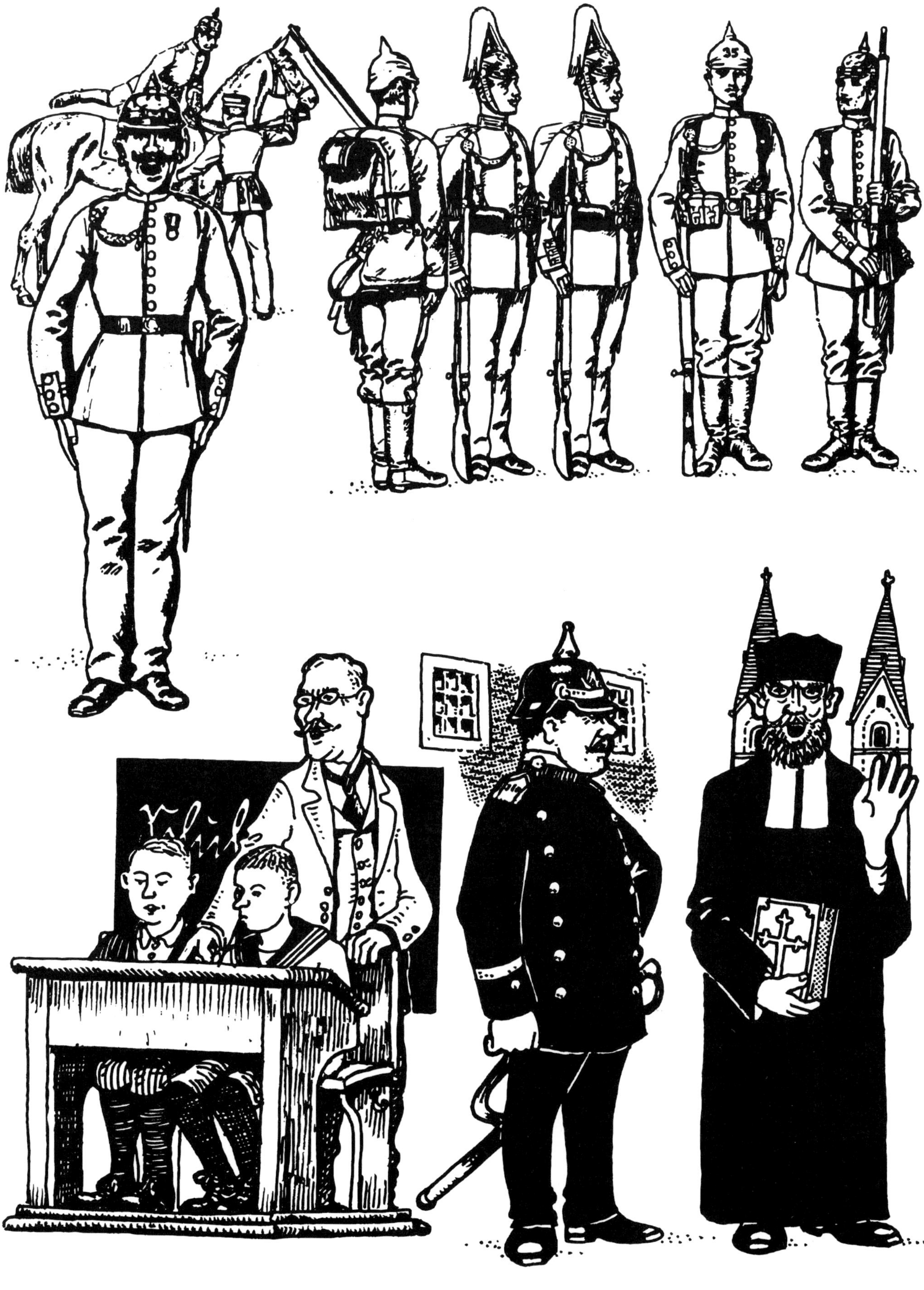

Moderne Technik - alte Sitten

Arbeitsblatt 55

Das Kaiserreich

Das deutsche Kaiserreich ist von vielen Gegensätzen geprägt, von Dingen also, die - von heute aus betrachtet - eigentlich gar nicht zueinander passen.
Auf der einen Seite hängen viele Menschen noch an ganz alten, überlieferten Sitten und *Traditionen**. Auf der anderen Seite entwickeln sich Industrie und Technik in rasantem Tempo. Und auch darauf sind viele Menschen stolz.

oben:
Zwei vornehme Damen in langen Kleidern lassen sich von einem reichen Herrn, der stolzer Besitzer eines der wenigen Automobile ist, zu einer kleinen Spazierfahrt einladen. Der Herr trägt die damals typische „sportliche" Autofahrerkluft.

Über den Dächern der Stadt erkennst Du eine weitere sensationelle technische Entwicklung. Siehst Du sie?

Es gibt erst wenig Telefonanschlüsse im kaiserlichen Deutschland. Die Telefongespräche werden mit der Hand vermittelt. Das „Fräulein vom Amt" - im langen Kleid - „verbindet" die Teilnehmer miteinander. Du kannst sehen, woher unser heutiges Wort „miteinander verbunden werden" beim Telefonieren kommt!

unten:
Ein Duell. Auch das gibt es noch in der Kaiserzeit. Im Hintergrund stehen die *Sekundanten**. Und ganz im Hintergrund kannst Du ein weiteres Zeichen der modernen Zeit erkennen. Siehst Du es?

- Gestalte eine Wandzeitung, oder halte einen kleinen Vortrag in der Klasse: „Die ersten Automobile", „Die Geschichte des Autos" oder „Wie das Auto erfunden wurde"!
- Finde heraus, wie das Telefon erfunden wurde, wer es erfunden hat, wie das Telefonieren damals funktionierte!
- Findest Du heraus, was das für eine eigenartige Sitte war, das *„Duell"**? Nenne Gründe, warum sich Männer duelliert haben!

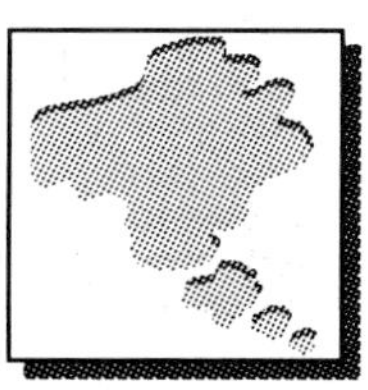

Ein Offizier fühlt sich durch eine Deiner Äußerungen beleidigt.
Er fordert Dich zum Duell. Wie verhältst Du Dich?

Moderne Technik - alte Sitten

Das Kaiserreich

oben:
Um die Mitte des vorigen Jahrhunderts sind die Arbeiter noch völlig rechtlos und der *Willkür** der Unternehmer ausgeliefert. Ende des Jahrhunderts hat sich das geändert. Endlich haben sich die Arbeiter die Rechte erkämpft, die heute selbstverständlich sind. Sie haben sich in *Gewerkschaften** zusammengeschlossen, weil sie gemeinsam besser für ihre Interessen eintreten können, sie *streiken**, wenn sie ihre Forderungen durchsetzen müssen: Unterstützung bei Krankheit, Unfällen und im Alter, kürzere Arbeitszeit und mehr Lohn.
Zudem entsteht eine politische *Partei**, die für die Arbeiter eintritt, die „Sozialdemokratische Partei Deutschlands". Die SPD gibt es auch heute noch.

Auf dem Bild gehen die Arbeiter zu einer *Demonstration** für ihre Forderungen. Im Kampf um den 8-Stunden-Arbeitstag, der fast überall auf der Welt geführt wird, entsteht der 1. Mai: An diesem Tag sollen die Arbeiter für ihre Rechte kämpfen. Heute ist der 1. Mai ein gesetzlicher Feiertag, der „Tag der Arbeit". Damals streiken die Arbeiter, um an den Versammlungen teilzunehmen. Das ist verboten. Mißtrauisch beobachtet ein Schutzmann die Arbeiter. Sie singen Kampflieder und tragen das Zeichen ihrer *Solidarität**: die rote Fahne.

unten links:
Vielen Jugendlichen „stinkt" der öde Drill beim Militär und in der Schule. Sie singen Lieder und wandern lieber. Um die Jahrhundertwende entsteht eine *Jugendbewegung** in Deutschland.

unten rechts:
Die Frauen sind rechtlos im Kaiserreich. Sie haben kaum berufliche Chancen. Nicht einmal wählen dürfen sie. Immer mehr Frauen fordern die Gleichberechtigung von Mann und Frau und daß auch Frauen ihr Wahlrecht bekommen und daß sie in den Betrieben nicht mehr so schlecht behandelt werden. Die Frauenbewegung gewinnt immer mehr Anhängerinnen. Frauen kämpfen um ihre *Emanzipation**.

- Erkundige Dich über die Geschichte der Arbeiterbewegung in Deutschland! Finde heraus, wie der Kaiser und seine Regierung versucht haben, die Arbeiter zu bekämpfen!
- Was kannst Du über die Geschichte des 1. Mai erfahren? Warst Du schon einmal auf einer Mai-Kundgebung?
- Vielleicht kannst Du Platten mit Arbeiterliedern besorgen? Hört Euch solche Lieder einmal an und sprecht darüber!
- Erkundige Dich über die Entstehung der Jugendbewegung zu Beginn dieses Jahrhunderts. Findest Du Ähnlichkeiten mit heute?
- Die „Frauenbewegung" gibt es auch heute! Es ist spannend, sich mit der Lage der Frauen damals und heute und mit dem Kampf um Gleichberechtigung zu beschäftigen!

Du bist Arbeiter. Du willst zur Maikundgebung gehen. Dein Unternehmer gibt Dir nicht frei und droht mit Entlassung. Gehst Du trotzdem?

Gegen die alten Ordnungen

Arbeitsblatt 57

Die Kolonien

In der zweiten Hälfte des vorigen Jahrhunderts haben die europäischen Großmächte die übrige Welt unter sich aufgeteilt: In allen Erdteilen gab es *Kolonien** der europäischen Länder.
Deutschland ist eigentlich keine Seemacht. Außerdem war es lange Zeit in viele kleine Länder zersplittert. Aber nach der Gründung des Deutschen Reiches 1871 will auch der deutsche Kaiser seinen Anteil an der europäischen Eroberung der Welt. Deutschland „erwirbt" Kolonien.

oben links:
Die Kolonien werden rücksichtslos ausgebeutet. Sie liefern den europäischen Besatzungsmächten wertvolle Rohstoffe.
Schwarze Trägerinnen und Träger tragen Ware für den weißen Herrn.

oben rechts:
Die Kirche schickt *Missionare** in die Kolonien. Sie sollen die Bevölkerung zum christlichen Glauben bekehren - und sie auch dadurch dazu bringen, die Herrschaft der Weißen anzuerkennen.

unten:
Auch wenn sich die Weißen am Anfang als „friedliche Kaufleute" niedergelassen haben - wenn die Einheimischen sich gegen die fremden Eroberer wehren, werden ihre Aufstände grausam und blutig niedergeschlagen. Im Bild siehst Du zwei deutsche Kolonialsoldaten im Kampf gegen Angehörige eines afrikanischen Stammes.

- Manchmal gibt es Leute, die sich über die Armut in den Ländern der „Dritten Welt" auch noch lustig machen. Überlege einmal, was denn die Ausbeutung und Unterdrückung in den Kolonien der europäischen Länder mit dem heutigen Elend in der „Dritten Welt" zu tun haben!
- Finde heraus, wo das Deutsche Reich Kolonien hatte!
- Die Kolonialgebiete wurden vor ihrer Besetzung erforscht. Kennst Du berühmte europäische Forscher?
- Die Kolonialgeschichte aller europäischen Kolonialmächte ist blutig und grausam. Bestimmt findest Du Beispiele dafür!
- Welche Rohstoffe wurden aus den Kolonien nach Europa gebracht?

Du hast die Möglichkeit, als Verwalter in eine Kolonie zu gehen. Würdest Du das Angebot annehmen?

Forscher, Missionare, Soldaten

Die Kolonien

oben:
Deutsche - wie andere Europäer in ihren Kolonien auch - leben als die „Herren" dort, oft als Plantagenbesitzer oder Kaufleute. Auch unter den ganz anderen Klimaverhältnissen kleiden sie sich europäisch (beachte den Matrosenanzug des weißen Jungen). Zum Schutz gegen die intensive Sonneneinstrahlung tragen die Europäer Tropenhelme. Die weiße Frau gibt ihren schwarzen Dienstbotinnen Anweisungen., Der weiße Mann erteilt den schwarzen Arbeitern seine Befehle. Seine Macht unterstreicht er mit der geflochtenen Lederpeitsche, die er bei Widerspruch auch gern „einsetzt".

unten:
Im Deutschen Reich entstehen „Kolonialwarenläden". Das sind „Tante-Emma-Läden", in denen auch Waren aus den Kolonien verkauft werden: Schokolade, Kakao, Kaffee, Tee, Nüsse, Gewürze usw.

- Schreibe eine Liste von Waren und Gütern auf, die aus den Kolonien nach Deutschland gebracht werden!
- Auch die Industrie braucht dringend Rohstoffe aus den Kolonien. Welche?

Einer Deiner schwarzen „Boys" widersetzt sich Deinem Befehl.
Wie verhältst Du Dich?

Kolonial. Waren
Chocolade
Kaffee

Kriegsbeginn

oben:
Als 1914 der 1. Weltkrieg beginnt, werden viele Menschen von einer unglaublichen Begeisterung erfaßt. Sie jubeln den ausmarschierenden Soldaten zu, die es eilig zu haben scheinen, endlich auf den verhaßten Gegner zu treffen.
In allen kriegsführenden Ländern melden sich viele Freiwillige, oft ganze Schulklassen von 17jährigen Schülern.

unten:
Als die Armeen aufeinandertreffen, sieht man Szenen wie aus den Kriegen der Vergangenheit: Offizieren ziehen ihren Soldaten voraus, die Fahnen flattern.
Aber sehr schnell ändert sich das Bild. Durch den Einsatz moderner Waffen kommt es zu schrecklichen Verlusten auf allen Seiten.

- Zu welchen Ländern gehören die oben abgebildeten Soldaten? Welche Farben haben ihre Uniformen?
- Wie erklärst Du Dir die Begeisterung der jungen Soldaten und der Zuschauer?
- Für Offiziere gilt es als „unehrenhaft", sich bei Schüssen niederzuwerfen. Welche Folgen hat dieses Verhalten?
- Warum ist es nicht mehr sinnvoll, beim Angriff eine Fahne mitzuführen?

- Finde heraus, welche neuen, schrecklichen Waffen im 1. Weltkrieg zum Einsatz kommen!
- Berichte, warum der Krieg ausgebrochen ist! Was sind die wirklichen Gründe, warum die europäischen Länder Krieg gegeneinander führen?

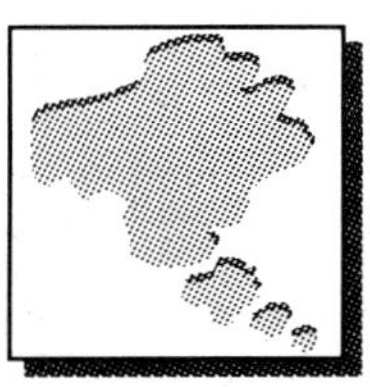

Viele Deiner Freunde melden sich freiwillig, als der Krieg beginnt. Was tust Du?

Kriegsbeginn

An der Front

Bald schon enden die gegenseitigen Angriffe der feindlichen Armeen unter riesigen Verlusten. Die modernen Waffen (Schnellfeuergeschütze, Maschinengewehre, Kampfgas) zwingen die Soldaten, sich zum Schutz immer tiefer einzugraben. Schützengräben entstehen, die durch Stacheldraht gesichert werden. Fast vier Jahre lang bewegt sich die *Front** kaum von der Stelle. Jeder Durchbruchsversuch scheitert, wobei es viele Tote und Verwundete gibt. Links sehen wir deutsche, rechts französische Soldaten in ihren Schützengräben.

- Schau Dir das Schlachtfeld genau an. Was befand sich vorher an dieser Stelle? Wie ist diese seltsame Landschaft entstanden?
- Was sehen die einzelnen Soldaten in den Gräben vom Feind?
- Das Leben in den Schützengräben ist eine anstrengende Strapaze, auch wenn gerade einmal nicht geschossen wird. Mit welchen Schwierigkeiten haben es die Soldaten im Graben täglich zu tun?
- Das äußere Aussehen der Soldaten verändert sich im „Stellungskrieg" in den Gräben. Sie tragen jetzt Stahlhelme und Gasmasken. Warum müssen diese neuen Ausrüstungsgegenstände eingeführt werden?
- Im 1. Weltkrieg gibt es nicht nur viele Tote und Verwundete. Sehr groß ist auch die Zahl der Soldaten, die „durchdrehen" und wahnsinnig werden. Kannst Du Dir das erklären?

Du liegst in einem *Granattrichter**, und um Dich herum kracht und knallt es. Du hörst, wie Dein Unteroffizier brüllt: „Vorwärts, Leute!" Was tust Du?

An der Front

Auswirkungen des Krieges

Der 1. Weltkrieg

Der 1. Weltkrieg ist nicht mehr nur ein Krieg der Soldaten untereinander. Auch die Frauen sind vom Krieg betroffen. Oben links im Bild betreut eine vornehme Dame freiwillig als Rot-Kreuz-Helferin Verwundetentransporte.
Viele Frauen, besonders aus Arbeiterfamilien, müssen in den Fabriken arbeiten, damit die Regierung die Männer als Soldaten an die Front schicken kann.
Die ganze Last der Familie liegt während der Kriegsjahre auf den Schultern der Mütter.
Wenn der Mann als *„Kriegsversehrter"** nach Hause kommt, hat die Frau auch noch ihren kranken und oft hilflosen Mann zu pflegen.

- Zu Beginn des Krieges ist der freiwillige Einsatz der Frauen besonders hoch. Woran liegt das?
- Die Arbeit in den Fabriken während der Kriegsjahre ist nicht nur schwer, sondern auch gefährlich. Welche Gefahren bedrohen die Arbeiterinnen und Arbeiter?
- Die Familien in Deutschland haben bald immer weniger zu essen. Fleisch gibt es kaum noch. Von Kaffee, Schokolade und Wurst können die meisten nur noch träumen. Warum ist die Ernährungslage so katastrophal?
- Finde heraus, wie sich die Menschen ernähren mußten!
- Das untere Bild zeigt, daß die Kriegslage für das Deutsche Reich nicht mehr günstig ist. Woran kannst Du das erkennen? Sieh Dir das Bild genau an!

In Deutschland wächst der Widerstand gegen den Krieg. Namen wie Rosa Luxemburg und Karl Liebknecht werden bekannt. Informiere Dich über den Kampf der Kriegsgegner und berichte darüber!

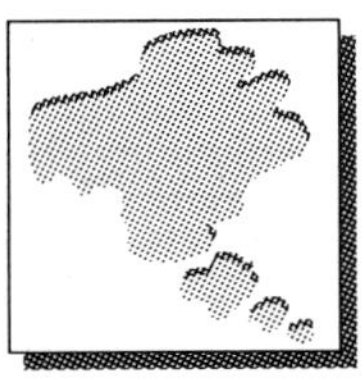

1917: In den Geschäften gibt es kaum noch Lebensmittel.
Wie versuchst Du, Deine Kinder durchzubringen?

Auswirkungen des Krieges

Die Revolution

Arbeitsblatt 62

Die Weimarer Republik

Im Herbst 1918 steht die Niederlage der deutschen Armee gegen die große Übermacht der Gegner (England, Frankreich, USA) kurz bevor. Die meisten Soldaten an den Fronten wollen nur noch nach Hause, und im Lande selbst ist die Versorgung der Menschen so schlecht, daß es immer häufiger zu Unruhen und Streiks kommt. Die Frontlinie befindet sich aber immer noch weit außerhalb Deutschlands.
Nach dem *Waffenstillstand** marschiert die Armee zurück. Viele Menschen spüren, daß sich in Deutschland etwas ändern muß. Überall entstehen bewaffnete *„Arbeiter- und Soldatenräte"**, die die alten Machtverhältnisse umstürzen wollen. Sie werden unterstützt von den *Sozialdemokraten** und den *Kommunisten**, die sich gerade von der SPD getrennt haben.
Die SPD will eine *demokratische** *Republik** in Deutschland, die Kommunisten haben andere Ziele. Ihr Vorbild ist ein *sozialistischer** Staat, wie er gerade in der *Sowjetunion** nach dem Sturz des *Zaren** entsteht.
Der Kaiser dankt ab und flieht ins Ausland. So wird Deutschland zu einer *Republik**, und bald schon setzt die sozialdemokratische Regierung, die jetzt an der Macht ist, militärische Gewalt ein, um die Pläne der Kommunisten zu verhindern.

- Die Soldaten, die zu ihren Familien zurückkommen, haben oft Mühe, im Alltag wieder klarzukommen. Woran liegt das wohl?
- Für viele Berufssoldaten ist die Niederlage der Armee eine persönliche Katastrophe. Warum fürchten sie sich vor dem Frieden?
- Welche Schichten des Volkes wollen demokratische Veränderungen? Und welche Schichten haben wohl große Angst davor?

- Sozialdemokraten und Kommunisten haben eine gemeinsame Geschichte. Informiere Dich über die Geschichte der SPD und über die Spaltung der SPD in Sozialdemokraten und Kommunisten. Auch diese Spaltung hat mit dem Krieg zu tun!
- Welche kommunistischen Ziele lehnt die SPD ab?
- Die Kommunisten haben eine rote Fahne als Zeichen ihrer Bewegung. Auch die SPD zeigt bei Versammlungen und Demonstrationen die rote Fahne, daneben aber auch die neue Fahne der deutschen Republik: schwarz-rot-gold. Wenn Du zurückblätterst, kannst Du herausfinden, welche Geschichte diese beiden Fahnen haben!
- Nach dem 1. Weltkrieg und der *Abdankung** des Kaisers werden die Farben Schwarz, Rot und Gold die *„Nationalfarben"** unseres Landes. Wie sah die Fahne des Kaiserreiches aus?

Du bist Soldat bei den Regierungstruppen. Du wirst gegen streikende Arbeiter eingesetzt. Würdest Du auf Deine demonstrierenden Landsleute schießen?

Die Revolution

Die Inflation

Nach Krieg und Niederlage geht es den meisten Deutschen wirtschaftlich sehr schlecht. Besonders schwer haben es die vielen Kriegsverletzten, die *Kriegerwitwen** und *Kriegswaisen**. Sie bekommen nur wenig Unterstützung vom Staat, der riesige Geldsummen als Kriegsentschädigung (*Reparationen**) an die Siegermächte zahlen muß.
Auch Kohle wird als Entschädigung für die Kriegszerstörungen ins Ausland geschickt.
Als diese Kohlelieferungen einmal unterbrochen werden, besetzen 1923 französische und belgische Soldaten das Ruhrgebiet, um den Abtransport der Kohle zu erzwingen.
Die Bergleute streiken gegen die *Besatzer**, und es kommt zu *Attentaten** auf die fremden Soldaten.
Um die Riesensummen bezahlen zu können, die die deutsche Regierung den Siegermächten zusichern mußte, läßt die Regierung immer mehr Geld drucken.
Bald schon gibt es sehr viel mehr Geld, aber wenig Waren, die dafür immer teurer werden.
Diese *Inflation** wird so schlimm, daß man z.B. für ein Brot ein paar Millionen, später sogar Milliarden Mark bezahlt. Das Geld ist so wertlos, daß manche nur noch Sachwerte (z.B. Briketts) als Bezahlung annehmen.
Schließlich erklärt die Regierung das ganze im Umlauf befindliche Geld für wertlos. Millionen Menschen verlieren dadurch auf einen Schlag ihre ganzen Ersparnisse.

- Warum tragen die Soldaten oben links, die nach dem Krieg betteln müssen, noch ihre alten Uniformen?
- Auf die fremden Soldaten werden Attentate verübt und Überfälle ausgeführt. Warum kommt es dazu? Wie reagieren die Soldaten darauf?
- Welche Dinge haben, wenn das Geld ohne Wert ist, einen hohen Tauschwert?
- Warum will die Frau an der Kinokasse wohl ausgerechnet Briketts?

Du hast eine schöne Summe gespart und hörst von Gerüchten, daß der Wert des Geldes bald stark sinken soll. Was würdest Du Dir schnell kaufen?

Die Inflation

Die Rechten

Vor einem Kriegerdenkmal versammelt sich zu einer Gedenkfeier eine Gruppe von Menschen, die man als *Rechte** oder *Reaktionäre** bezeichnet. Sie lehnen die *Republik** und die *Demokratie** ab und bekämpfen sie mit Worten und Taten. Manche sehnen sich nach den „herrlichen" Zeiten des vergangenen Kaiserreiches zurück. Andere schwärmen von der Kriegszeit, als es angeblich keine politischen Streitigkeiten, sondern nur Kameradschaft gab. Wieder andere beklagen den Verfall der „guten Sitten" und schimpfen über die jüdischen Mitbürger, die Ausländer, das Kino und die amerikanische „Negermusik".
Die Nationalsozialisten gehen in ihren Forderungen besonders weit. Sie wollen „Rassegesetze", die „Ausschaltung der Juden", eine große „Volksgemeinschaft" und ein „Großdeutsches Reich", das es nur durch einen neuen Krieg geben kann.

- Sieh Dir das Bild genau an. Aus welchen Schichten der Bevölkerung stammen die dargestellten Personen?
- Warum sieht man unter ihnen wohl nur wenige Frauen?
- Welche Gemeinsamkeiten fallen Dir an diesen Menschen auf?
- Welche Meinung hast Du zu dem Satz auf dem Kriegerdenkmal?
- Sieh Dir die Soldatenfigur auf dem Denkmal genau an! Was will der Künstler, der das Standbild geschaffen hat, damit wohl ausdrücken?

Das Denkmal hat viel Geld gekostet. Man kommt zu Dir mit einer Sammelbüchse und möchte eine Spende von Dir, um das Kriegerdenkmal bezahlen zu können. Wie verhältst Du Dich?

Die Rechten

DEUTSCHLAND MUSS LEBEN
WENN WIR AUCH STERBEN
MÜSSEN
VATERLAND
NSDAP

Arbeitsblatt 65

Die Weimarer Republik

Die „Goldenen Zwanziger Jahre"

Nach der *Inflation** verbessert sich langsam die wirtschaftliche Lage. Die Menschen bekommen wieder Spaß am Leben. Vor allem in den Großstädten zeigt sich das. Es ist wieder „etwas los". Neue Tänze und Musikstile breiten sich aus, obwohl sie von den *Konservativen** als „Negermusik" verhöhnt werden.
Die Mode wird flotter: Kurze Röcke und „Bubikopf" sorgen für Aufregung. Kino und Zeitungen unterhalten die Leute. Die aufregendste Sensation aber ist das Radio!

- Welche Art von Musik kommt damals aus den USA nach Deutschland?
- Warum findet diese Musik so viele Anhänger?
  Warum ist sie gleichzeitig anderen als „Negermusik" verhaßt?
- Bubikopf und kurze Röcke gelten als Revolution in der Mode.
  Warum machen viele Mädchen und Frauen diese Mode begeistert mit?
- Was tut eigentlich ein Zeitungsjunge? Warum gibt es bei uns heute keine Zeitungsjungen mehr?
- Wie verändert das Radio das Leben der Menschen?

- Suche Platten oder Cassetten mit Musikbeispielen aus den Zwanziger Jahren und spiele sie in der Klasse vor!
- Vielleicht findest Du auch Material über die Tänze, die in den „Goldenen Zwanzigern" beliebt waren?
- Unten rechts im Bild siehst Du ein Radios. Gehört wird zuerst über Kopfhörer. Berichte über die Geschichte des Radios und seine Entwicklung!

Deine Lieblingsmusik wird als „Urwald- und Negermusik" verspottet. Wie reagierst Du darauf?

Die „Goldenen Zwanziger Jahre"

Arbeitsblatt 66

Die Weimarer Republik

Die „goldenen" Jahre sind bald vorbei. 1928 beginnt die große *Weltwirtschaftskrise**. Auch in Deutschland schließen immer mehr Banken und Betriebe. Die Zahl der Arbeitslosen steigt schnell an. Nach einiger Zeit sind schon 6 Millionen Menschen ohne Arbeit. Der Staat tut fast nichts für sie, da kaum Geld vorhanden ist.
Für junge Leute sieht die Zukunft besonders hoffnungslos aus, da sie keine Lehrstellen bekommen.
In dieser Zeit beginnt der große Aufstieg Adolf Hitlers und seiner „Nationalsozialisten". Erst jetzt wird aus dieser kleinen Splitterpartei eine große und starke Partei.
Ihre Mitglieder und Anhänger schieben die Schuld für die schlimme Lage des Landes auf *Juden** und *Kommunisten**. Gewalttätig und brutal gehen die Nazis in aller Öffentlichkeit gegen echte und vermeintliche Gegner vor. Polizei und Gerichte verfolgen diese rechtsradikalen *Terroristen** kaum.

- Die Arbeitslosen auf dem oberen Bild warten vor einer „Volksküche". Was mag das für eine Einrichtung sein?
- Die Arbeitslosigkeit verändert das Leben der Arbeitslosen und ihrer Familien. Gib dafür Beispiele!
- Bei den Wahlen damals wählen viele arbeitslose Männer und Frauen die *Nationalsozialisten** oder auch die *Kommunisten**.
  Kannst Du Dir das erklären?
- Die Nationalsozialisten wollen auch äußerlich auffallen.
  Wie kleiden sie sich? Welche Farbe hat ihre Uniform?
- Auf den Straßen marschieren die Nazis in Reih und Glied. Voran der Fahnenträger mit der Hakenkreuzfahne.
  Warum treten sie so auf? Wie reagieren wohl die Zuschauer?

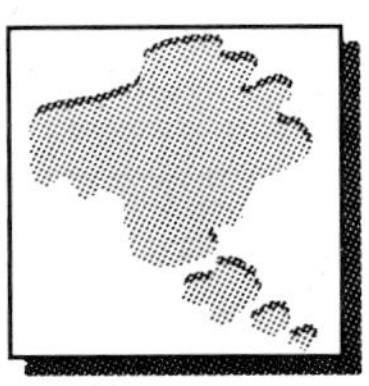

- Du siehst, wie Nazis auf der Straße eine Frau und einen Mann zusammenschlagen. Wie verhältst Du Dich?
- Du bist arbeitslos. Die Nazis bieten Dir ein regelmäßiges warmes Essen an, wenn Du in die *SA** eintrittst. Wirst Du SA-Mitglied?

Not und Gewalt

Die „Volks-gemeinschaft"

Die Nationalsozialisten wollen, daß alle Deutschen eine große „Volksgemeinschaft" bilden. Jeder soll „erfaßt" werden. Deshalb gibt es nach der Machtergreifung Hitlers Organisationen für fast alle Altersgruppen und Berufe.
In der Hitlerjugend sind die 14- bis 18jährigen Jungen und Mädchen. Danach müssen die jungen Männer, bevor sie zur „Wehrmacht" eingezogen werden, zum „Arbeitsdienst". Für die Erwachsenen gibt es verschiedenen nationalsozialistische Organisationen. Die wichtigste ist die *NSDAP**.
Auf dem Bild unten ehrt ein Ortsgruppenleiter dieser Partei eine Frau, die vier Kinder hat, mit dem „Mutterkreuz".

- Befrage Verwandte oder Bekannte, die diese Zeit miterlebt haben, was man in der „Hitlerjugend" eigentlich machte!
- Versuche, die Farben der verschiedenen Uniformen auf dem Bild herauszubekommen!
- Welche Bedeutung haben die folgenden Abkürzungen: HJ, BDM, RAD, SA, SS, DAF, NSKK?
- Fahnen, Abzeichen und Orden spielen damals eine wichtige Rolle. Warum wohl?
- Warum werden Mütter mit mehreren Kindern damals besonders geehrt?

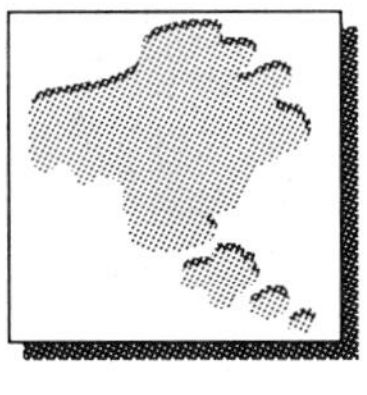

Du bist Mitglied in der HJ. Was gefällt Dir an dieser Organisation? Was gefällt Dir nicht?

Die „Volksgemeinschaft“

„Herrenrasse" und „Untermenschen"

Nicht alle Deutschen sollen nach dem Willen Hitlers zur „Volksgemeinschaft" gehören. Die Juden verlieren durch die *„Nürnberger Gesetze"** die deutsche Staatsangehörigkeit. Für die Nazis sind sie der Hauptfeind. Sie werden verantwortlich gemacht für den *Kommunismus**, den *Kapitalismus**, die Wirtschaftskrise, den verlorenen Weltkrieg und sogar für die moderne Kunst, die Hitler haßt und „entartet" nennt. Hitlers Judenhaß geht über den *Antisemitismus** mancher Christen weit hinaus, für die die Juden die „Mörder Gottes" sind. Hitler sieht in den Juden eine gefährliche *Rasse**, die die eigene, die „nordische" Rasse, zerstören wollen. Die Juden, die Deutschland bis zum Beginn des Krieges nicht verlassen haben, werden *deportiert** und in *Vernichtungslagern** mit Millionen Juden aus ganz Europa umgebracht. Vor dem Krieg hat auch schon die geheime Tötung von Geisteskranken, „lebensunwerten Lebens", wie die Nazis sagten, begonnen (*Euthanasie**).

Alle Gegner der Nazis kommen ins Zuchthaus oder in eines der vielen *Konzentrationslager**. Auch „unerwünschte Elemente", wie sie genannt werden, schickt die *Gestapo** in die KZs: Sinti und Roma, Homosexuelle, Zeugen Jehovas u.a.

Später kommen Menschen aus den besetzten Ländern dazu. Sie werden von der *SS**, die die Lager leitet, zur Zwangsarbeit gezwungen. Meistens arbeiten diese Arbeitssklaven für die Kriegsindustrie. Viele dieser Häftlinge kommen dabei ums Leben.

- Im 3. Reich sind nicht die geschriebenen Gesetze, sondern der „Wille des Führers" entscheidend. Es gilt der Satz: „Der Führer hat immer recht!"
  Warum ist diese Auffassung so gefährlich für die Gerechtigkeit?
- Viele KZ-Aufseherinnen und -Aufseher sagten nach dem Krieg, sie hätten nur auf Befehl Menschen gequält und getötet.
  Glaubst Du das?
- Was bedeutet es für die Häftlinge, ins KZ zu kommen?
- Warum haben die meisten Deutschen den bedrohten Juden nicht geholfen?

- Informiere Dich, wie Juden in Deutschland schon vor ihrer Vernichtung *diskriminiert** und *terrorisiert** wurden!
- Obwohl Widerstand gegen Hitler lebensgefährlich ist, kämpfen deutsche Männer und Frauen, darunter auch Jugendliche, gegen die Naziherrschaft. Informiere Dich und berichte darüber!

Eure Nachbarn, eine jüdische Familie, werden von der Polizei abgeholt. Was tust Du?

„Herrenrasse" und „Untermenschen"

„Blitzkrieg"

Während Hitler nach außen vom Frieden redet, hat er längst den Krieg beschlossen. In der Wehrmacht werden die jungen Soldaten „geschliffen", um sie fit für den Kampf zu machen. Als dann der Krieg beginnt, setzt die deutsche Armee die modernsten Waffen der damaligen Zeit ein.
Fallschirmjäger springen im Hinterland des Gegners ab. Jagdflugzeuge und Bomber bekämpfen ihn aus der Luft. Manche Flieger werden berühmt wie Filmstars. Die Zeitungen melden die Zahlen ihrer „Abschüsse".
Um dem deutschen Volk diesen scheinbar unaufhaltsamen „Blitzkrieg" näherzubringen, sind Reporter und Kameramänner ständig ganz vorne an der Front, um fürs Radio und die Wochenschau in den Kinos zu berichten.

- Mit welchen Methoden werden in der Armee aus *Zivilisten** Soldaten „gemacht"?
- Welche damals hochmodernen Waffen setzt die deutsche Wehrmacht ein?
- Wie erklärst Du es Dir, daß sich gerade zu den Fallschirmjägern viele Freiwillige drängen?
- Warum werden damals gerade die Flieger zu den „Stars" des Krieges? Im Bild unten siehst Du einen *hochdekorierten** Fliegeroffizier, der Autogramme schreibt!
- Bestimmte Szenen dürfen die Kameraleute nicht filmen. Welche sind das?

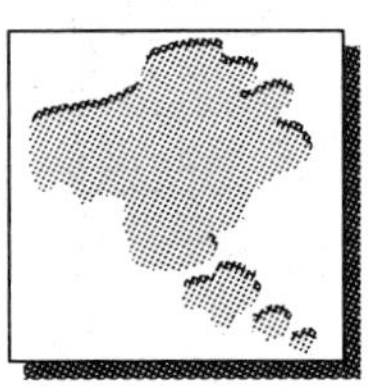

Dein Onkel hat für den Abschuß mehrerer Flugzeuge das Ritterkreuz bekommen. Bist Du stolz auf seine Leistung?

„Blitzkrieg"

Von Tobruk bis Stalingrad

Fast nichts scheint die deutsche Wehrmacht aufhalten zu können. Ein Land nach dem anderen wird besiegt und besetzt. Sogar in Afrika kämpfen deutsche Soldaten gegen die Engländer. Mitte 1941 befiehlt Hitler den Angriff auf die Sowjetunion. Es soll nach seinem Willen ein Vernichtungskrieg gegen den *Kommunismus**, die slawischen *„Untermenschen"** und die dort lebenden Juden werden.
Auch gegen die *UdSSR** sind die deutschen Armeen anfangs siegreich, dann aber gibt es im Winter 1941/42 schwere Rückschläge, und nach der Niederlage bei Stalingrad (1942/43) zeigt sich deutlich, daß Deutschland den Krieg nicht mehr gewinnen kann.

- Vergleiche die Soldaten in Nordafrika und Rußland. Was fällt Dir an Unterschieden auf? Welche Strapazen müssen die Soldaten ertragen?
- Suche auf der Karte Tobruk und Stalingrad! Wie weit sind diese Städte von Berlin entfernt?
- Frage Deinen Großvater, wo er im Krieg war!

- Warum konnte Deutschland einen Weltkrieg gar nicht gewinnen?
- Informiere Dich über die Länder, die am Krieg teilgenommen haben: über die Verbündeten Deutschlands und das Bündnis der Gegner!
- Welche Länder werden während des Krieges von deutschen Armeen besiegt und besetzt?

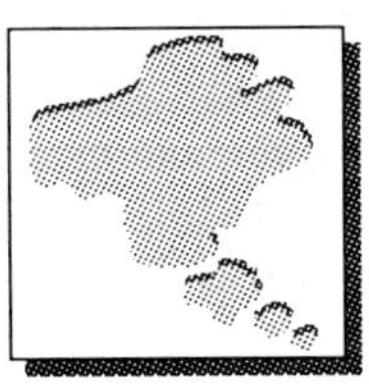

Die Deutschen haben Dein Volk besiegt und Dein Land besetzt.
Wie verhältst Du Dich den Besatzungssoldaten gegenüber?

Von Tobruk bis Stalingrad

Die „Heimatfront"

Im 2. Weltkrieg sind nicht mehr nur die Soldaten von Tod und Verletzungen bedroht, auch für die Zivilbevölkerung in der Heimat gibt es keine Sicherheit mehr.
Von den Sirenen alarmiert, suchen im Bild oben die Bewohner eines Hauses Schutz vor den Bomben im Luftschutzkeller.
Der Mann mit dem Helm ist der „Luftschutzwart". Er hat die Aufsicht im Keller und soll im Notfall die richtigen Anordnungen geben. Mütter und kleinere Kinder werden aus den besonders von Luftangriffen bedrohten Großstädten *evakuiert**, sie werden in ländliche Gebiete verschickt.
So verfährt man auch mit den Schulen. Alle Schulkinder unter 15 Jahren verlassen mit ihren Lehrerinnen und Lehrern die Städte und werden auf dem Land unterrichtet.
Um möglichst viele Männer an die Front schicken zu können, holt die Naziregierung Frauen und Männer aus den besetzten Gebieten zur *Zwangsarbeit** nach Deutschland. Sie tragen besondere Abzeichen, an denen man sie erkennen kann, und werden streng bewacht. Behandlung, Unterbringung und Verpflegung dieser Menschen sind meist sehr schlecht.

- Den Keller auf unserem Bild haben die Bewohner zusätzlich abgesichert. Sind die Menschen in einem solchen Keller gegen Bomben ganz sicher?
- Du siehst, daß die Leute Koffer und Kartons und Körbe mit in den Keller genommen haben. Was befindet sich wohl darin?

- Wie stark war Dein Heimatort im Krieg zerstört? Gibt es noch Überreste von Bunkern in Deinem Heimatort? Wo?
- Amerikaner und Engländer verfolgen mit ihren Bombenangriffen, denen die deutsche „Luftabwehr" nicht mehr gewachsen ist, unterschiedliche Absichten. Welche Ziele bomben die Amerikaner, welche die Engländer? Kannst Du Dir Gründe dafür denken?
- Erkundige Dich, wo in Deinem Heimatort Zwangsarbeit während des Krieges geleistet wurde und wo Zwangsarbeiter eingesetzt waren! Was wurde aus ihnen?

Es kommt heute zu einem neuen Krieg. Wie schützt Du Dich?

Die „Heimatfront"

Der „totale Krieg"

Die Kriegsführung wird immer brutaler. Das „Rote-Kreuz"-Zeichen, das auch im Krieg wenigstens etwas Menschlichkeit garantieren soll, wird von allen kriegsführenden Mächten immer weniger beachtet und respektiert. Krankenwagen werden beschossen, Krankenhäuser bombardiert.

Um die gedrückte Stimmung im deutschen Volk zu verbessern, befiehlt der nationalsozialistische *Propaganda**-Chef Goebbels, daß vor allem aufmunternde Schlager von den Komponisten geschrieben werden sollen. In den Kinos werden fast nur noch lustige Unterhaltungsfilme gezeigt.

An den Fronten werden immer jüngere Soldaten eingesetzt. Manche - wie die Soldaten der *Waffen-SS** - kämpfen bis zum Ende mit Fanatismus und blindem Glauben an den „Endsieg", den Hitler immer noch verkündet.

Frauen nehmen die Posten von Männern in der Wehrmacht ein. Schüler ab 15 Jahren müssen als Helfer bei der Luftabwehr dienen. Jeder Soldat, der sich ohne Befehl vor der feindlichen Übermacht zurückzieht, wird von *Standgerichten** zum Tode verurteilt und aufgehängt. Zum Schluß zieht die Naziregierung auch noch ältere Männer als „Volkssturm" ein.

- Welche Bedeutung hat das „Rote-Kreuz"-Zeichen im Krieg?
- Welche Stars aus der Kriegszeit kennst Du aus Filmen im Fernsehen?
- Warum kämpfen jüngere Soldaten damals oft *fanatischer** als ältere?
- Frauen werden nicht für den Kampf ausgebildet. Welche Aufgaben erfüllen sie damals in der Wehrmacht?
- Haben die Hinrichtungen von angeblichen „Feiglingen" wohl die Kampfbereitschaft der anderen Soldaten gestärkt?

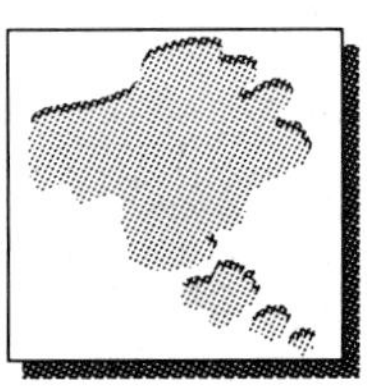

Ein *desertierter** Soldat will sich bei Dir im Keller verstecken.
Du riskierst die Todesstrafe, wenn Du ihn nicht bei der Polizei meldest.
Was tust Du?

Der „totale Krieg"

Zusammenbruch oder Befreiung

Der Krieg ist aus. Die Soldaten der Siegermächte haben Deutschland besetzt, das jetzt in vier *Besatzungszonen** aufgeteilt ist. Die Zerstörungen sind gewaltig. Millionen Menschen wurden getötet. Viele mußten ihre Heimatgebiete im Osten Deutschlands verlassen. Sie haben ihren gesamten Besitz verloren.
Die meisten ehemaligen Soldaten befinden sich als *Kriegsgefangene** hinter Stacheldraht in Lagern.
Überall sieht man *Kriegsversehrte**.
Eine Zeit lang müssen die Menschen selbst sehen, wie sie sich und ihre Familien überhaupt am Leben erhalten. Nur langsam entsteht wieder so etwas wie Ordnung. Es herrscht ein allgemeines Durcheinander.
Käme nicht Hilfe von den Besatzungsmächten und von ausländischen Hilfsorganisationen, würden viele verhungern.
Da nur wenige Deutsche etwas gegen die Nazis getan haben - die meisten Deutschen waren *„Mitläufer"** - empfinden sie das Ende des Nazi-Staates als „Zusammenbruch". Nur wenige sprechen von der „Befreiung" der Deutschen durch die Siegermächte.

- Den fremden Soldaten ist der Kontakt mit der deutschen Bevölkerung von ihrer Führung verboten. Warum halten sich viele nicht an dieses Verbot?
- Kriegsversehrte haben es in dieser Zeit besonders schwer. Warum?
- Die größte Last haben damals die Frauen zu tragen. Mit welchen Schwierigkeiten müssen sie fertigwerden?
- Monatelang bleiben die Schulen geschlossen. Wie sieht der Alltag von Kindern und Jugendlichen in dieser Zeit aus?

- Du bist Raucher. Ein Amerikaner wirft den Rest seiner Zigarette weg. Hebst Du die Kippe auf?
- Du wirst von der Besatzungsmacht als Bürgermeister eingesetzt, weil Du kein Nazi warst. Welche dringenden Aufgaben mußt Du zuerst in Deiner zerstörten Stadt zu lösen versuchen?

Zusammenbruch oder Befreiung

Schnippelblätter

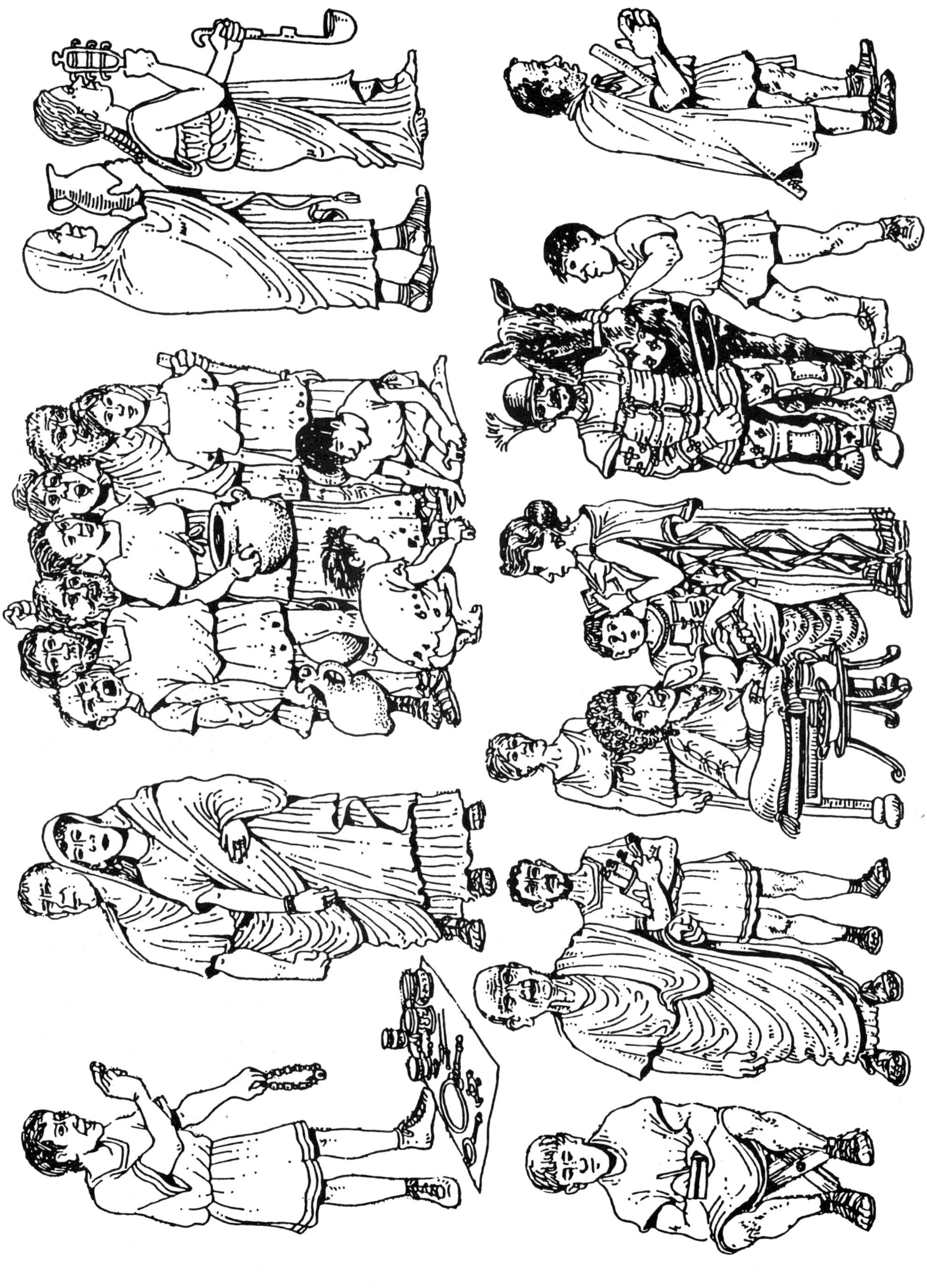

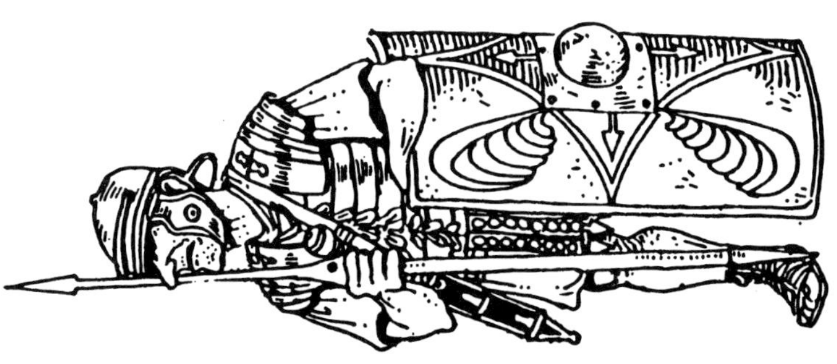

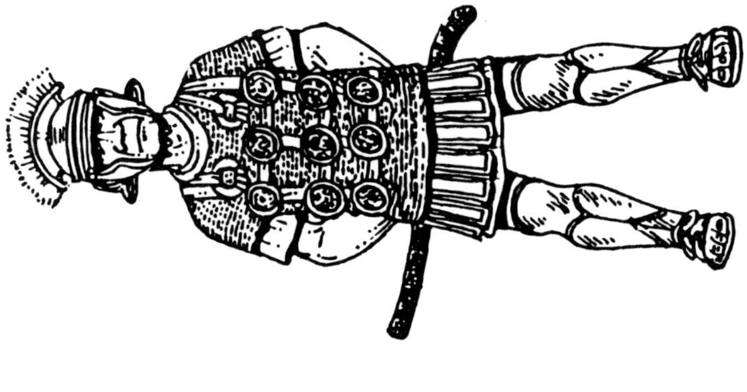

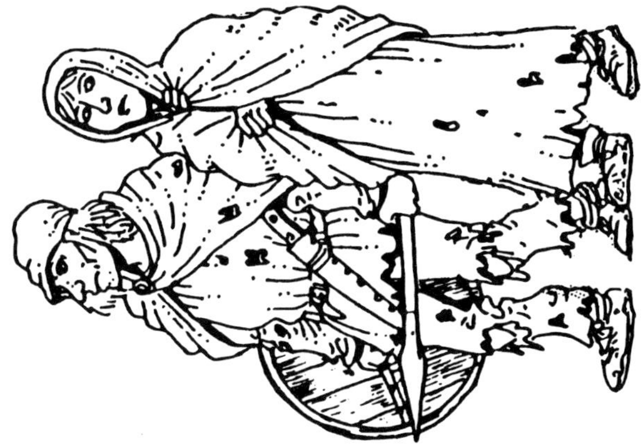

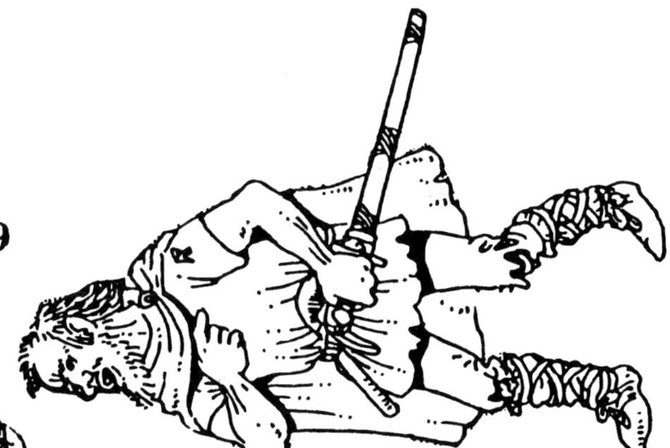

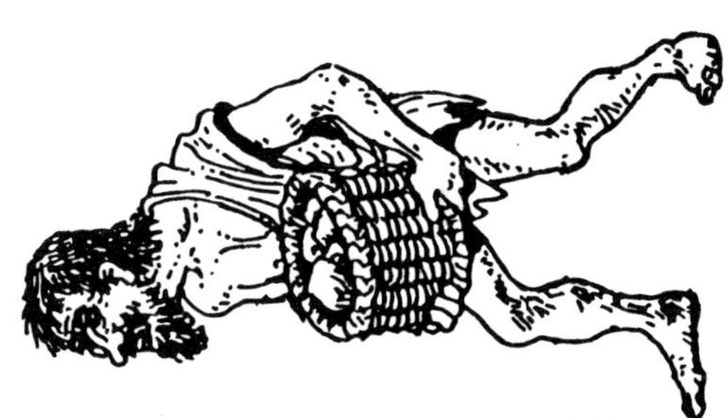

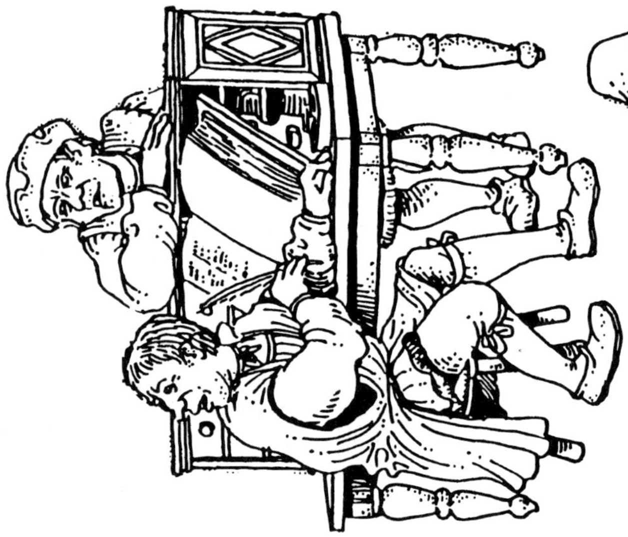

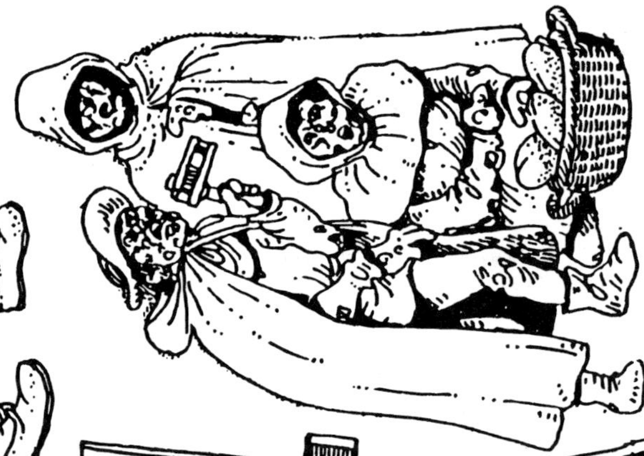

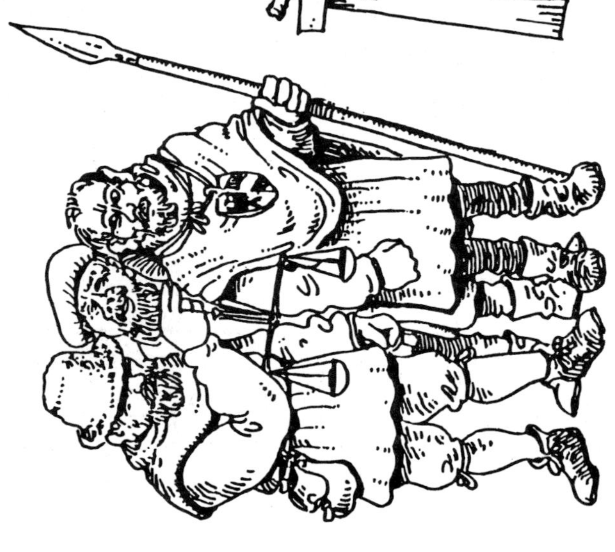

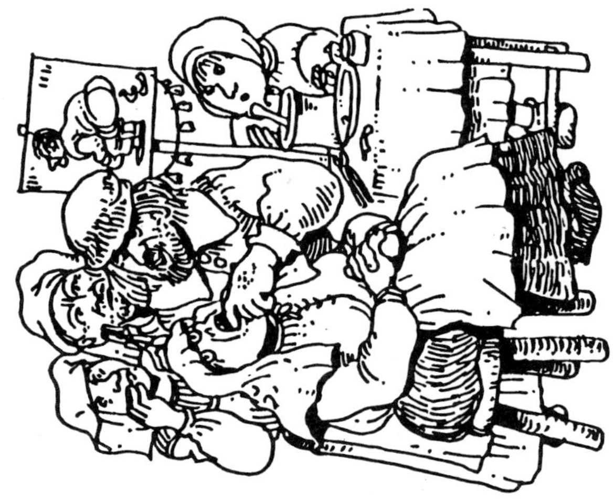

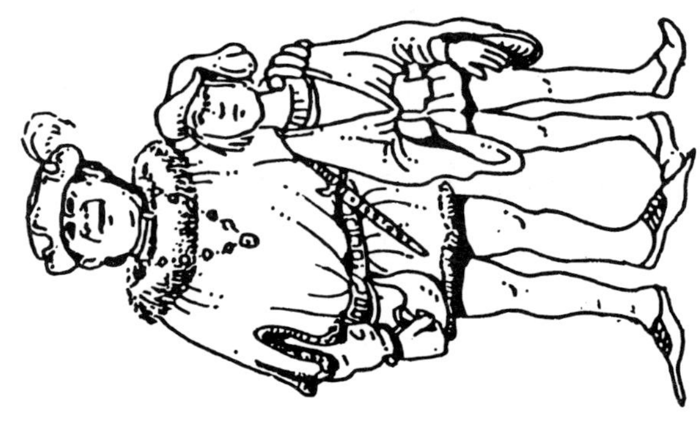

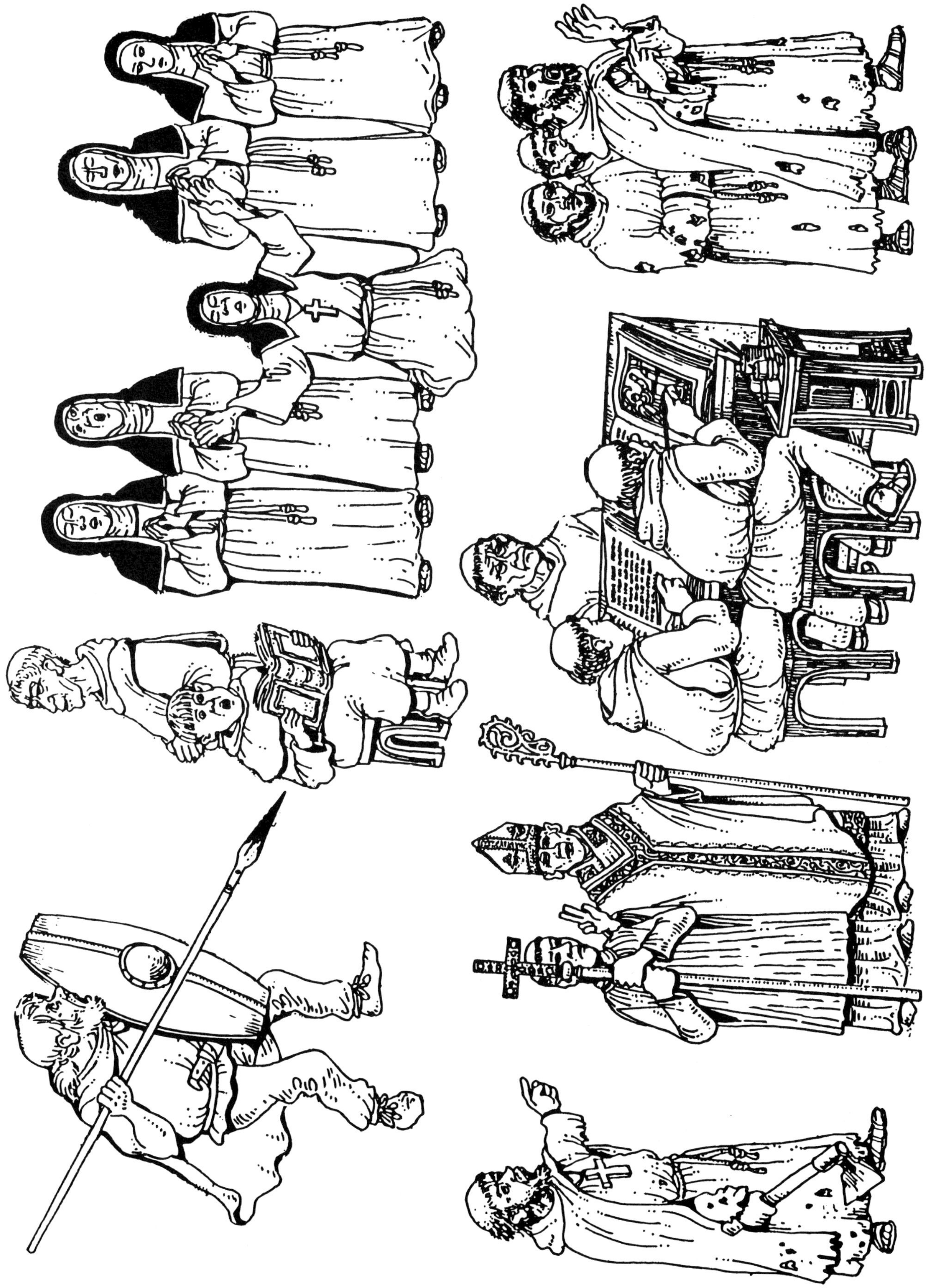

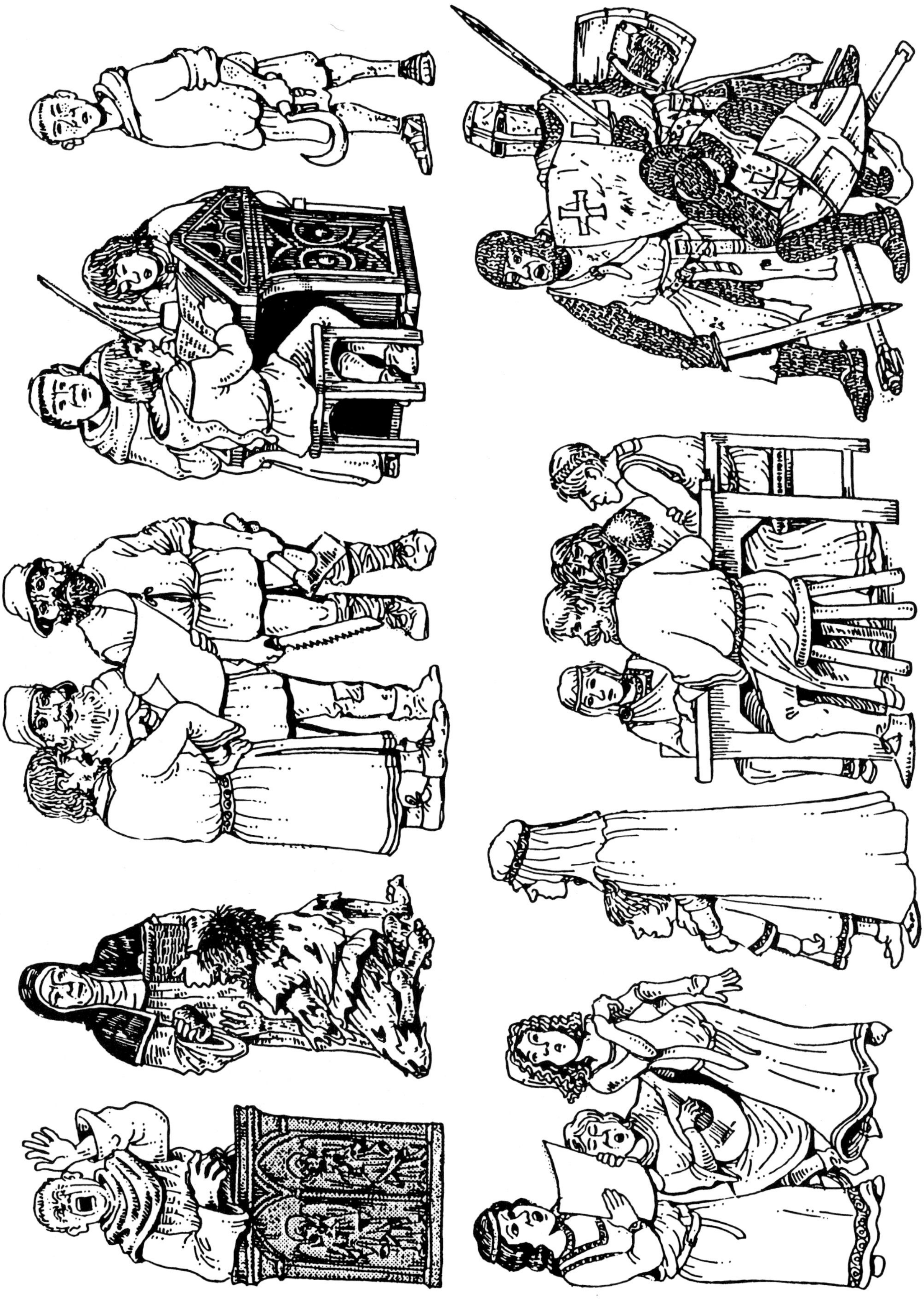

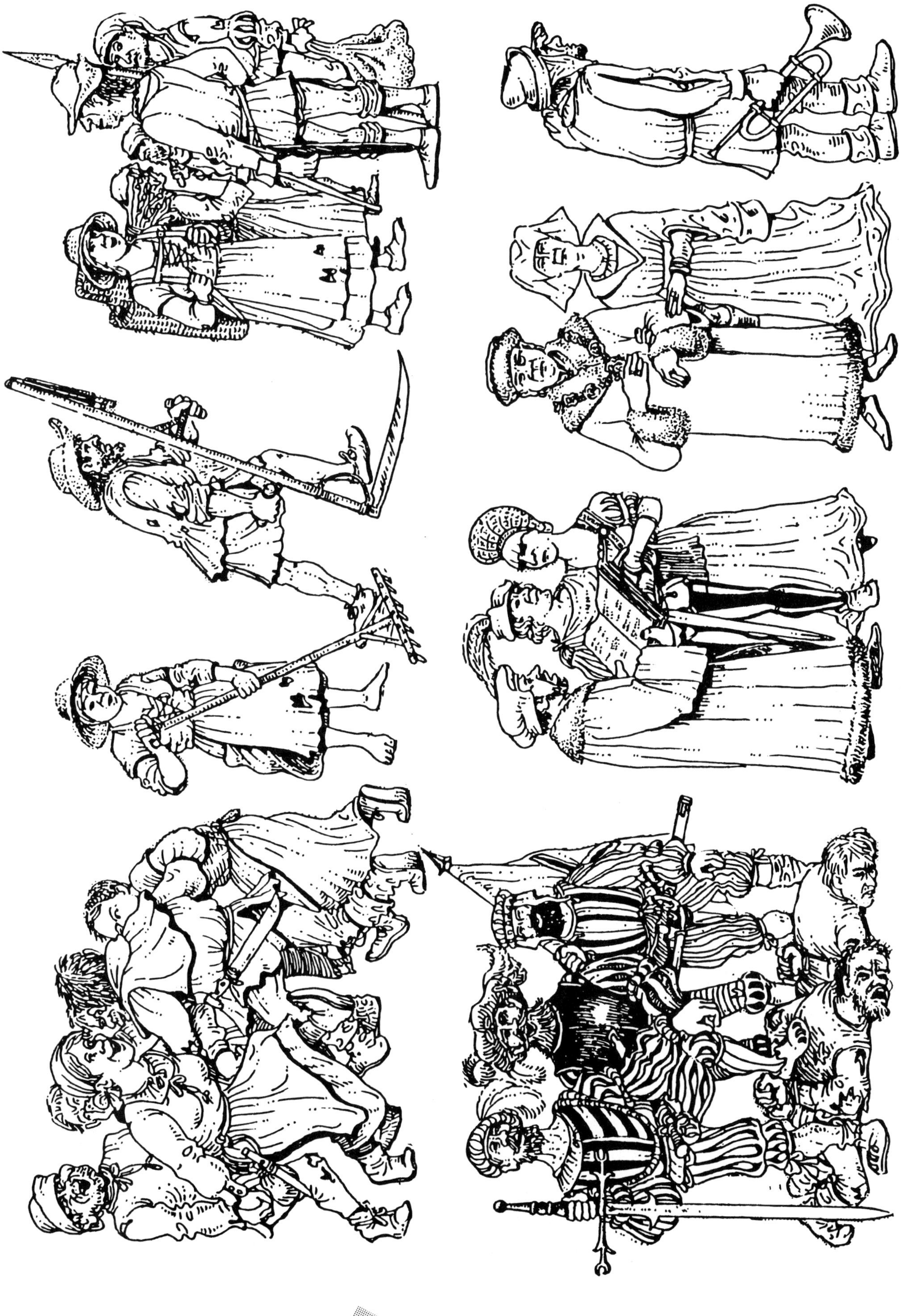

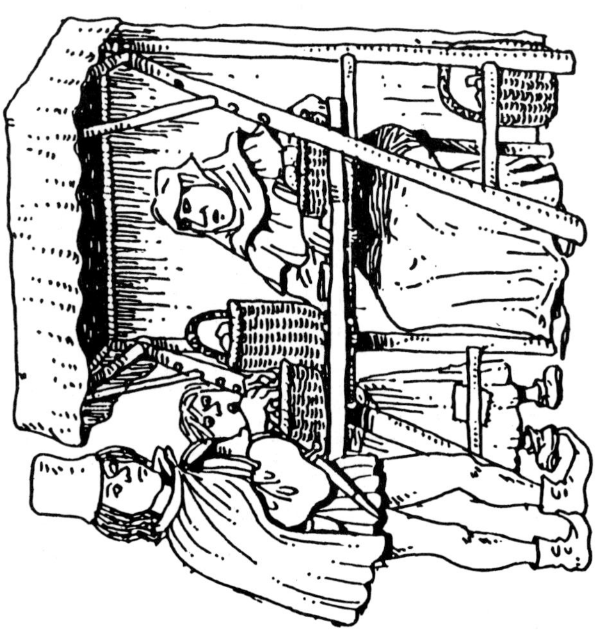

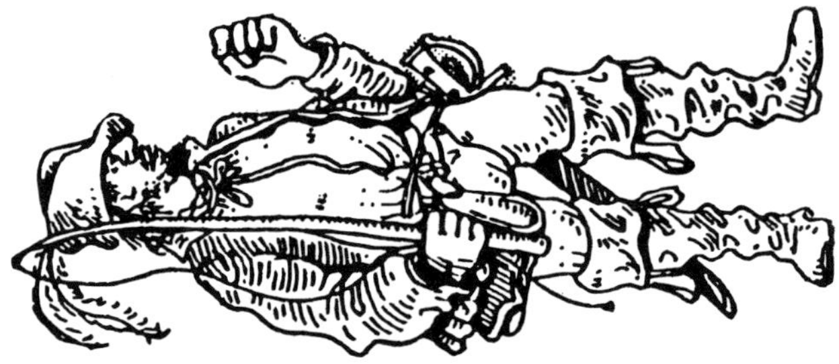

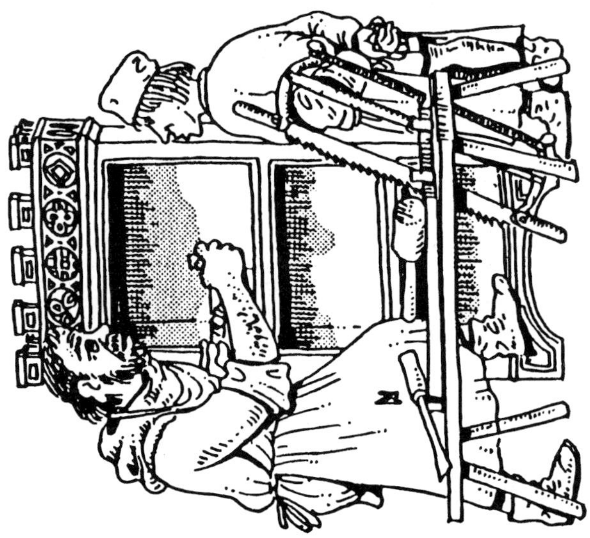

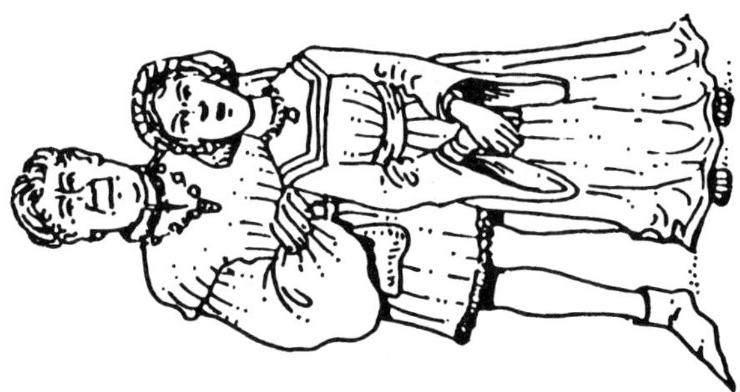

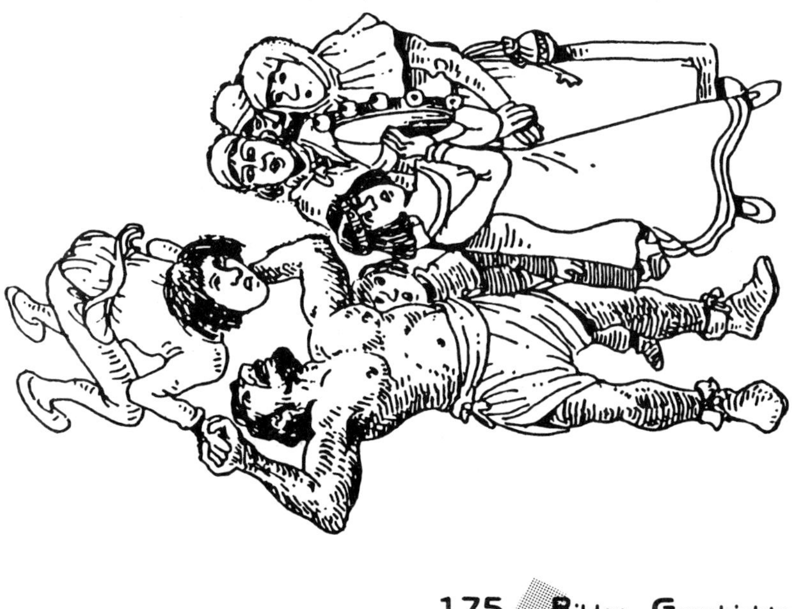

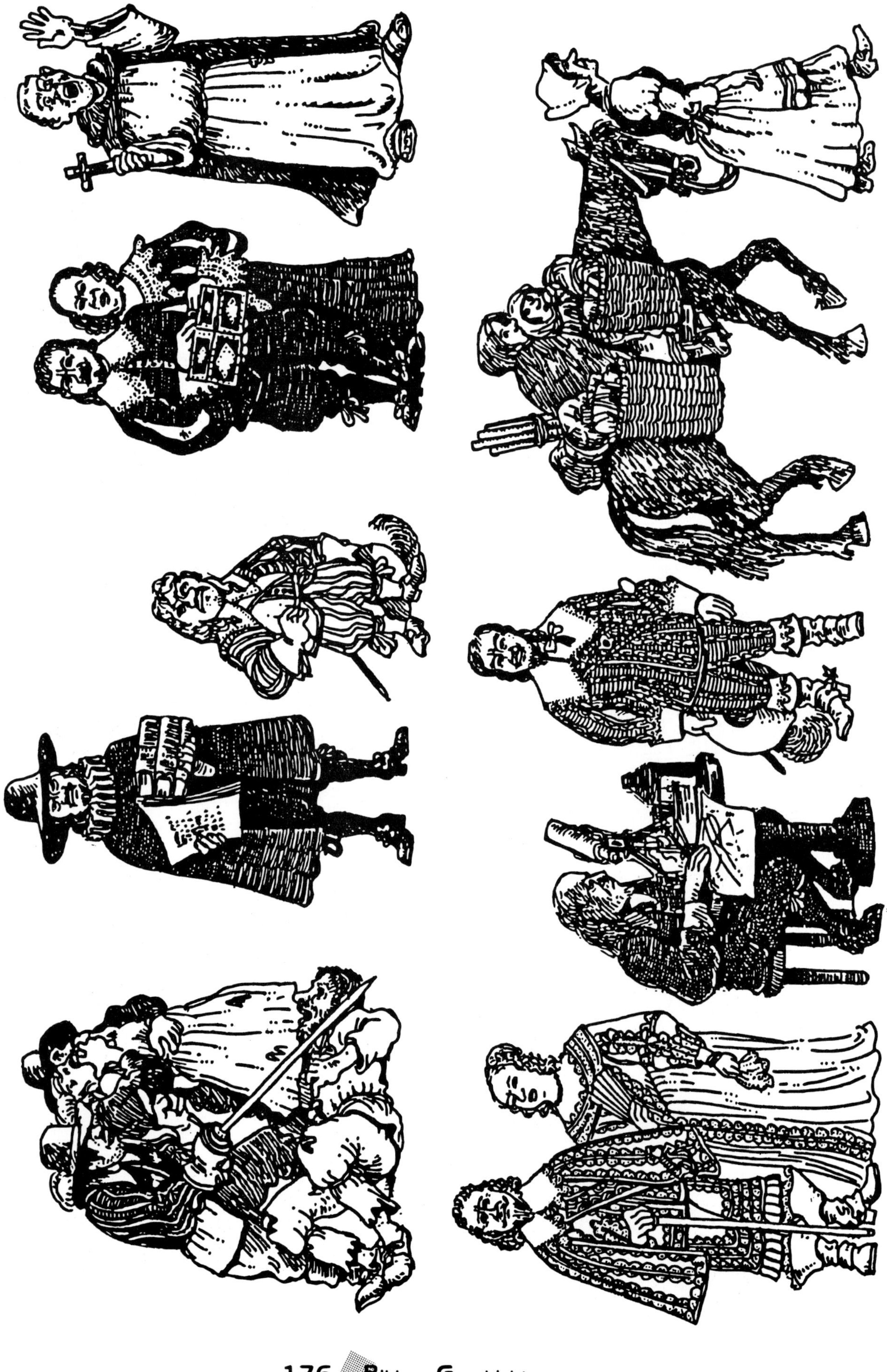

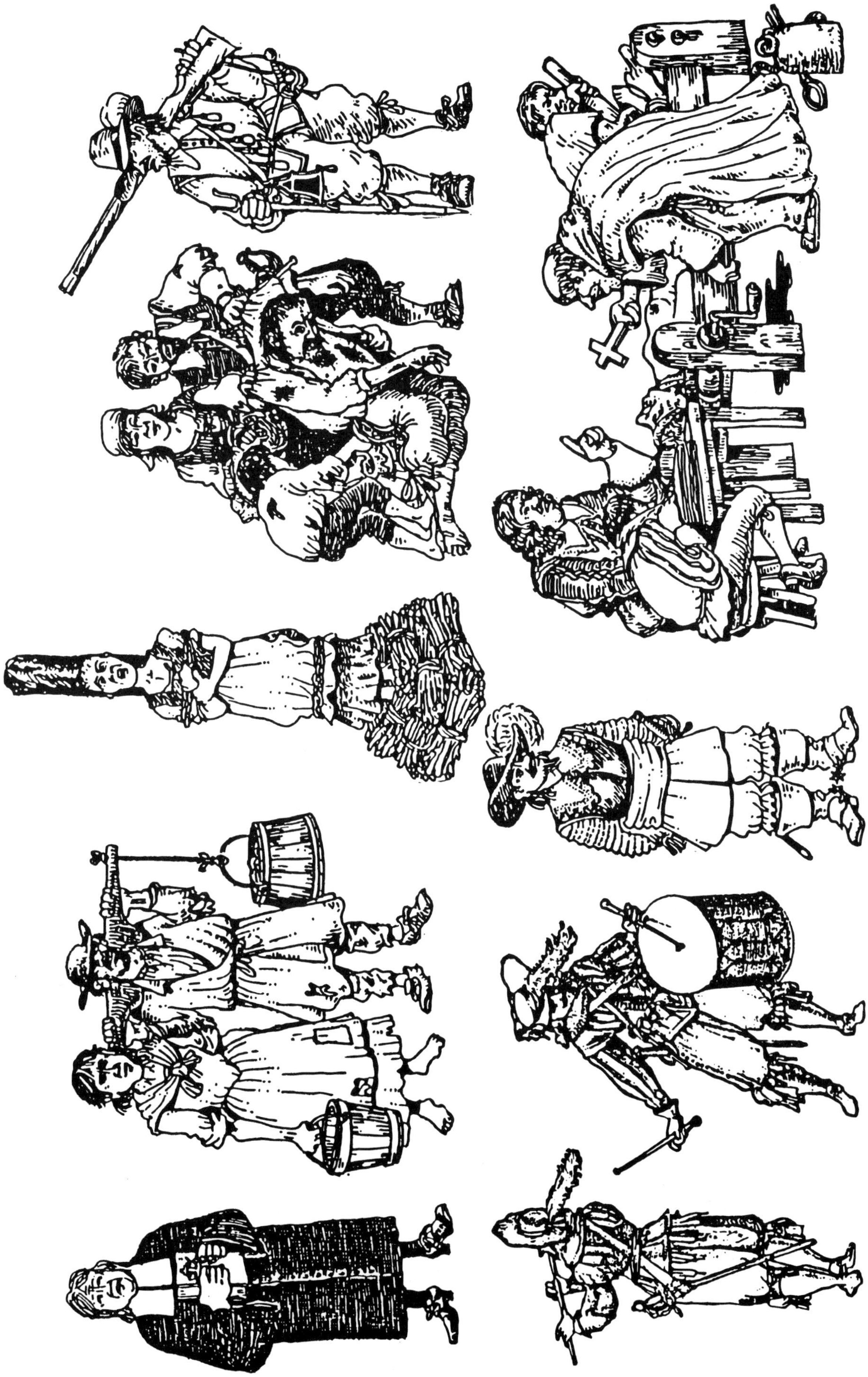

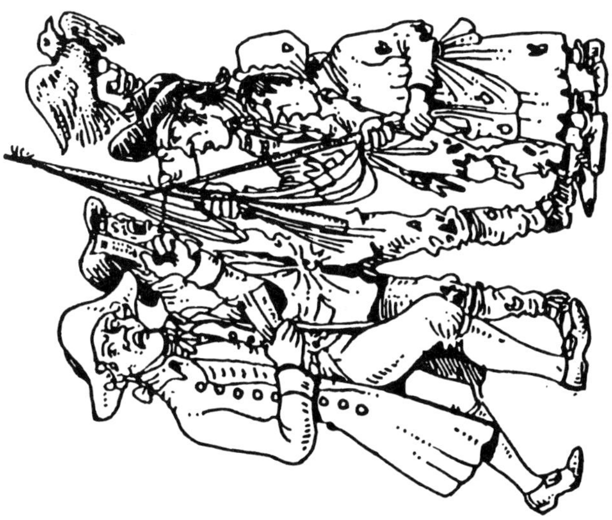

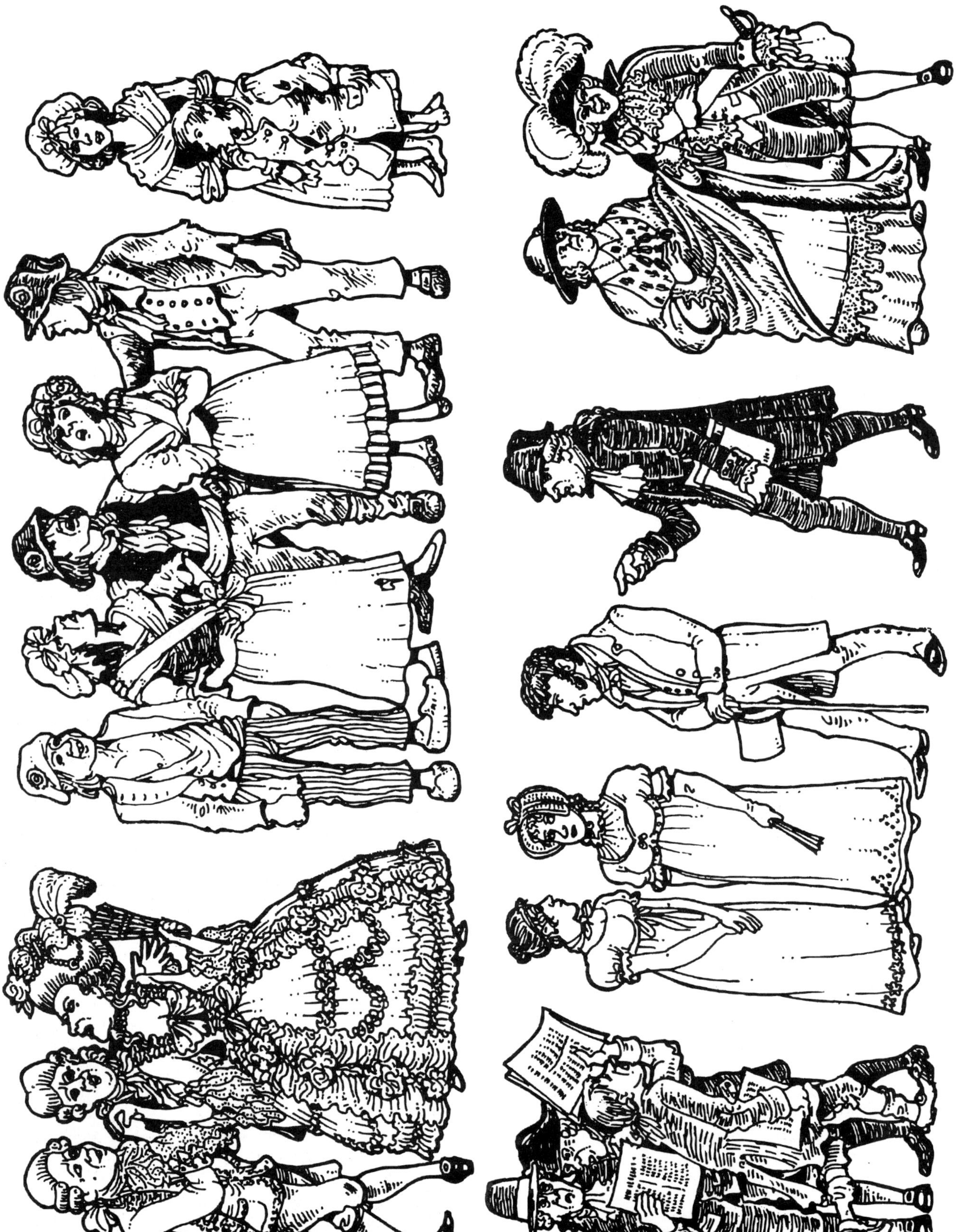

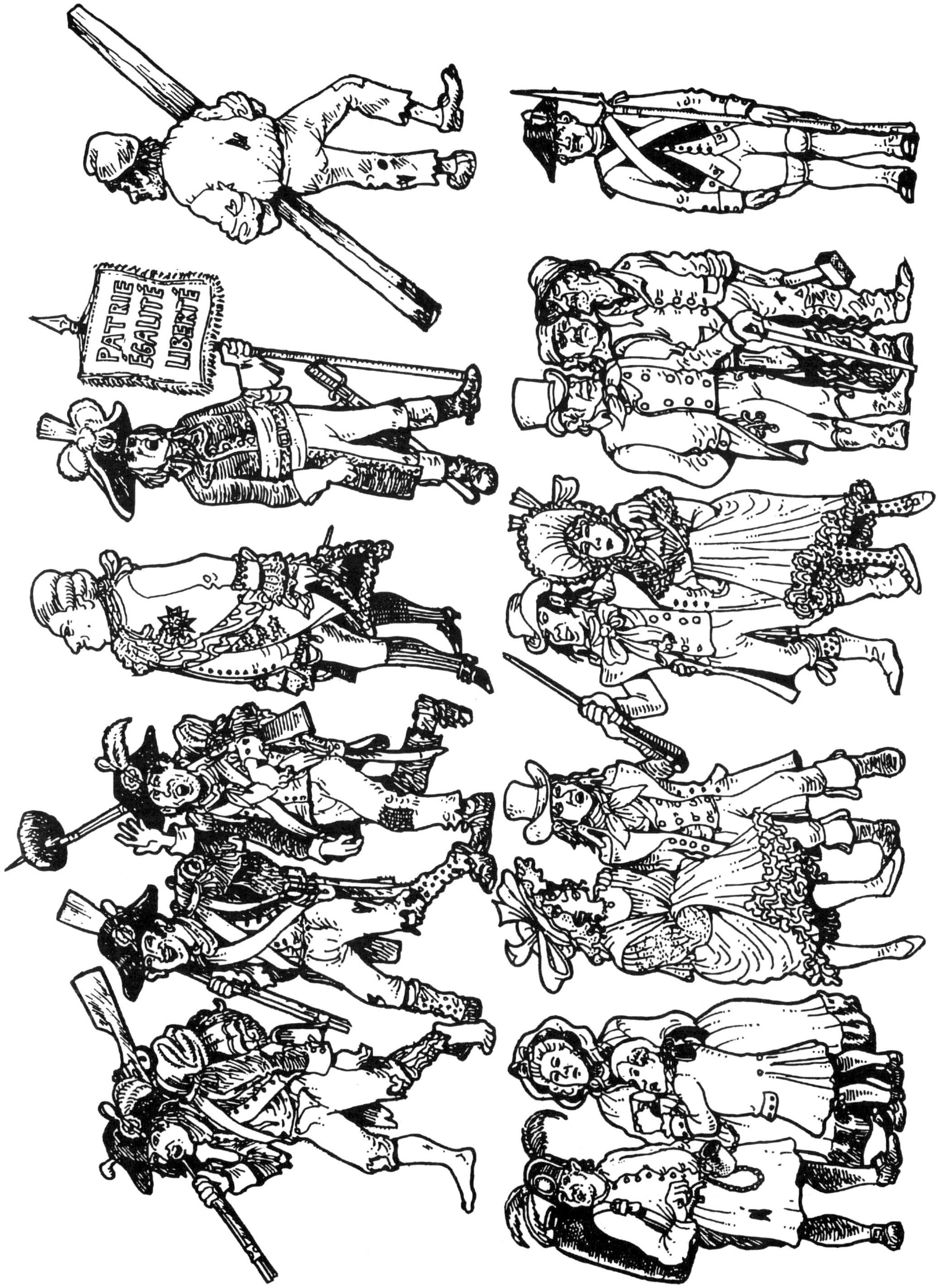
PATRIE
ÉGALITÉ
LIBERTÉ

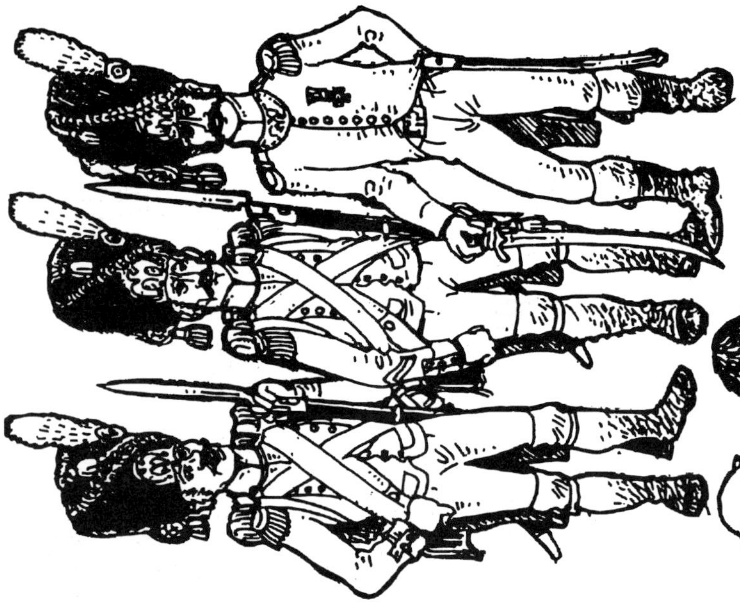

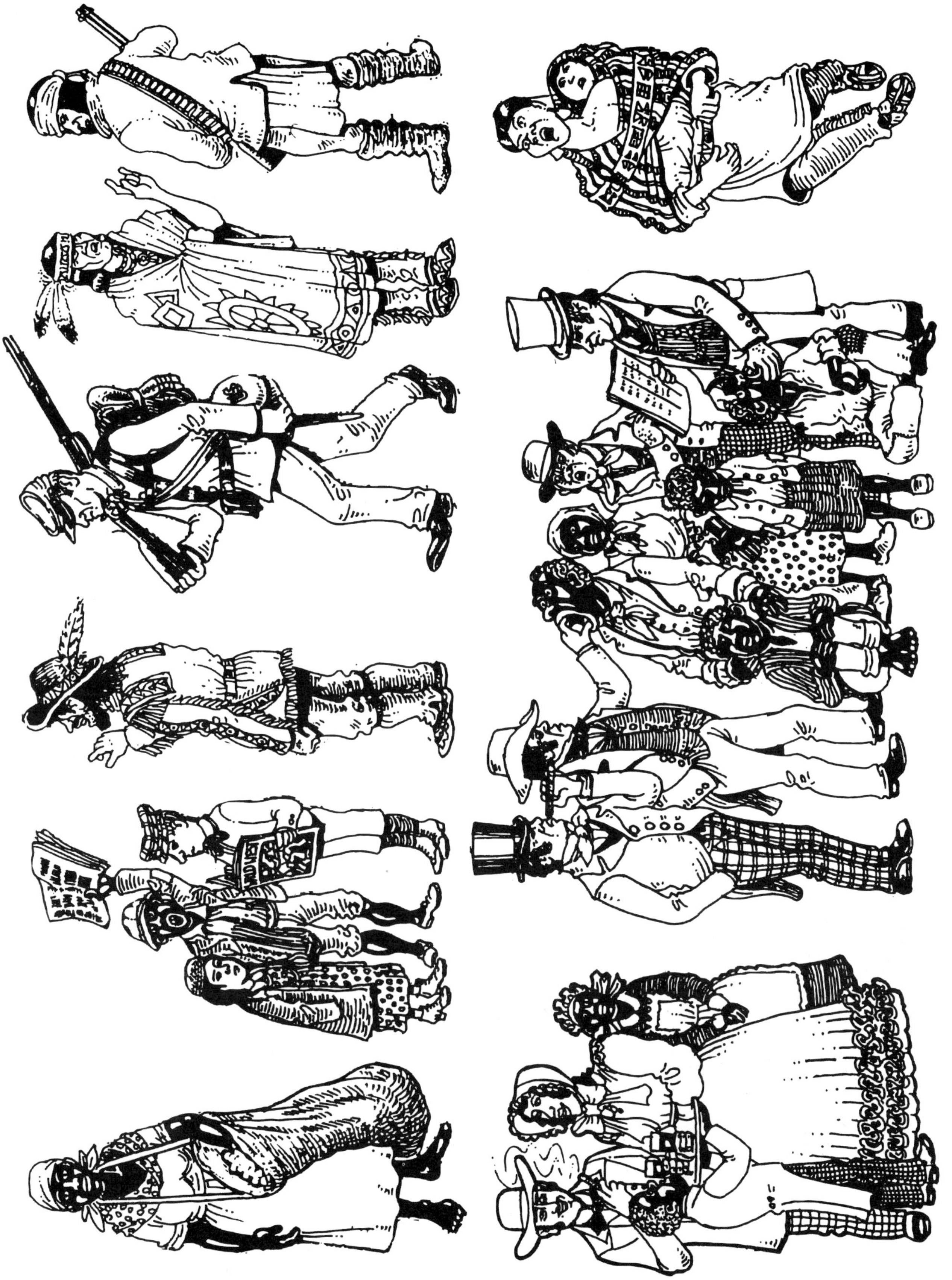

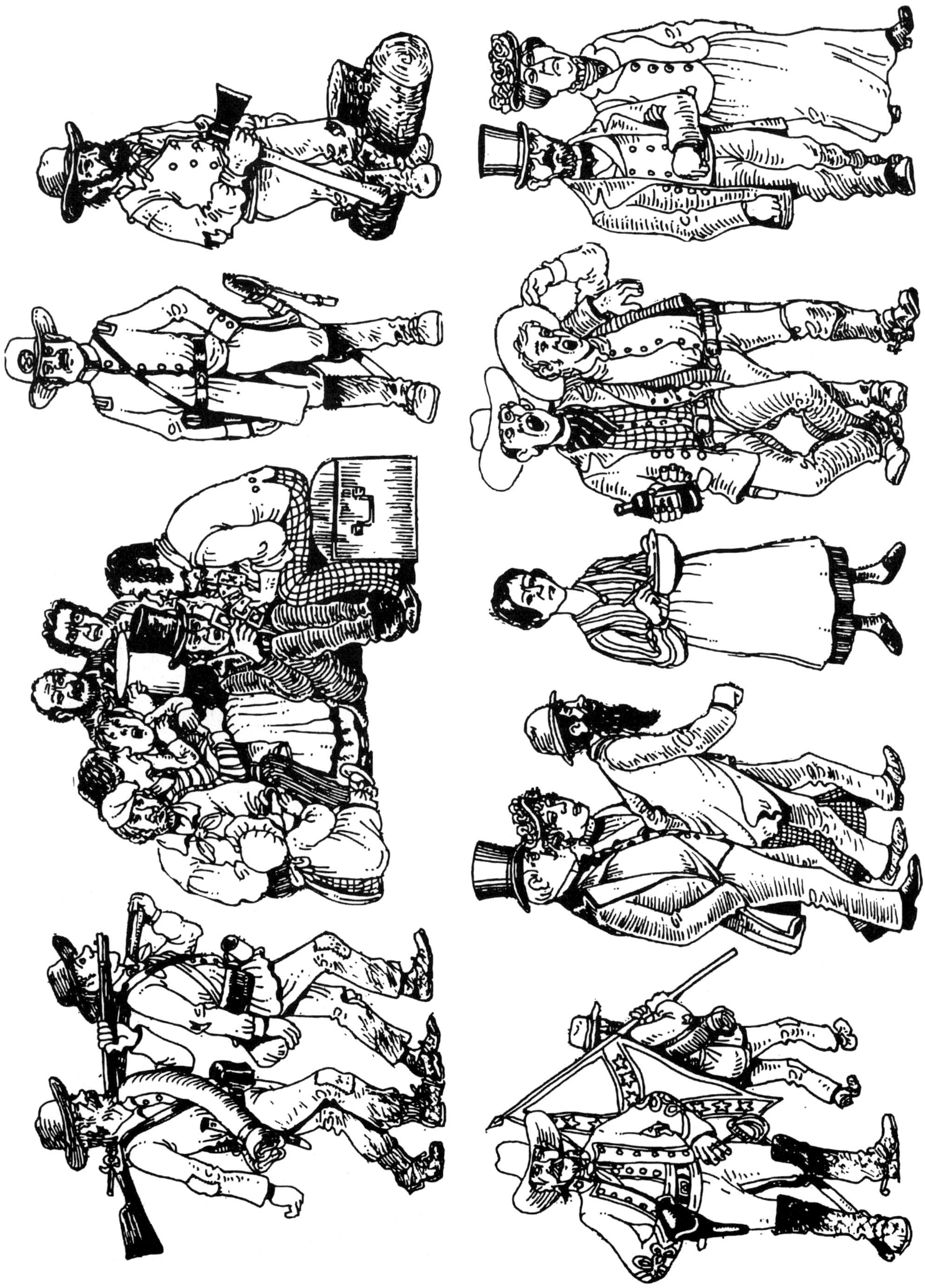

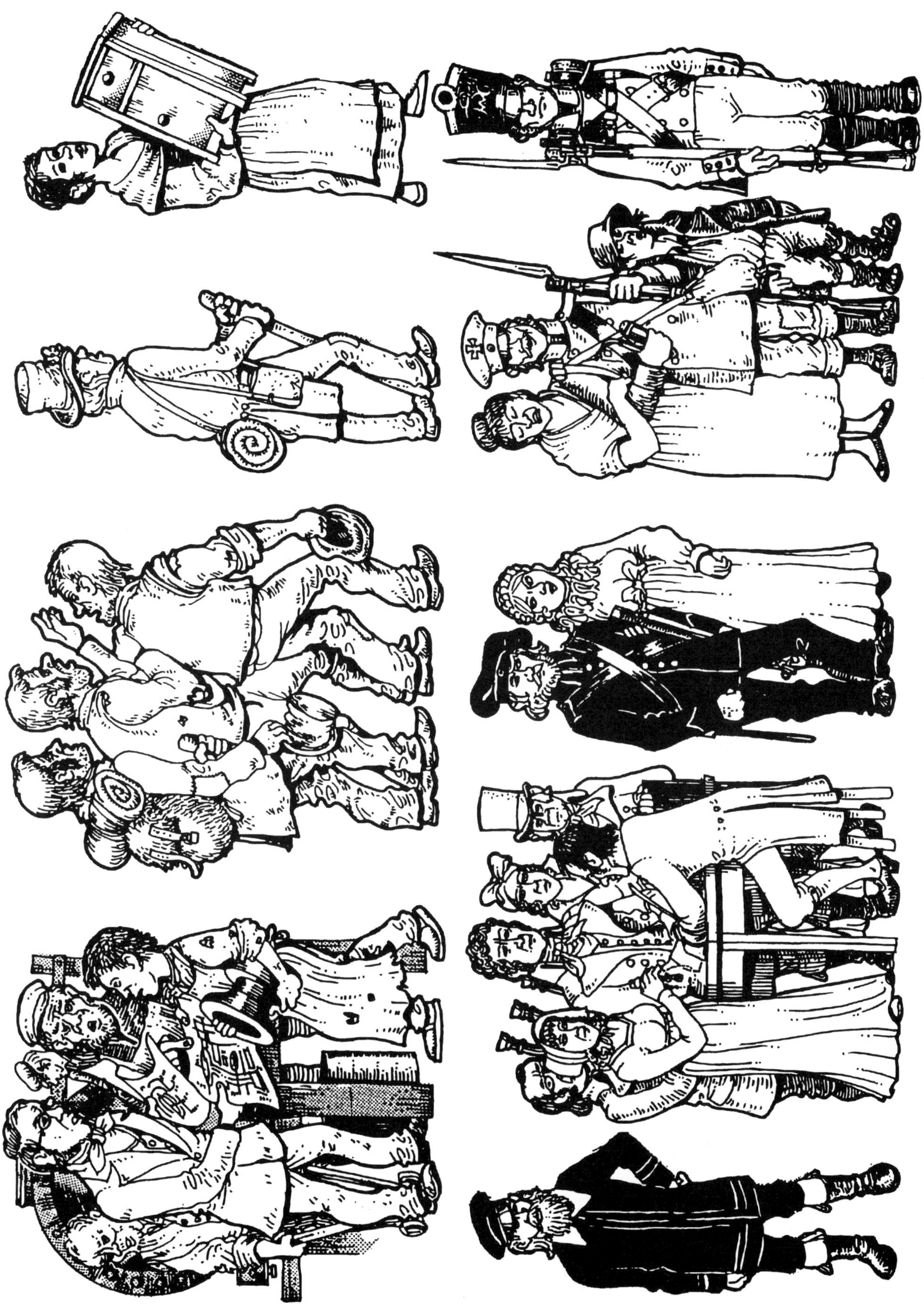

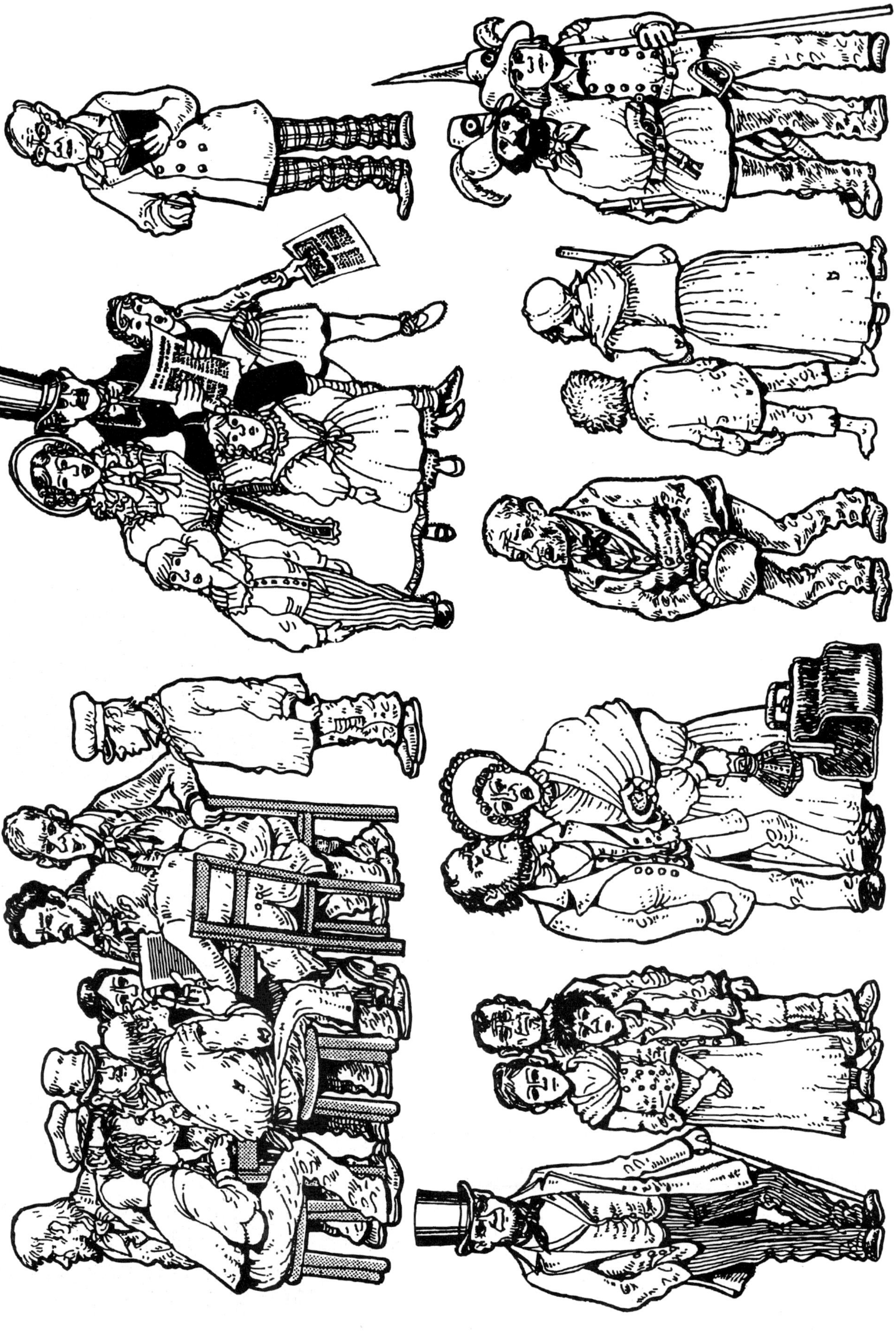

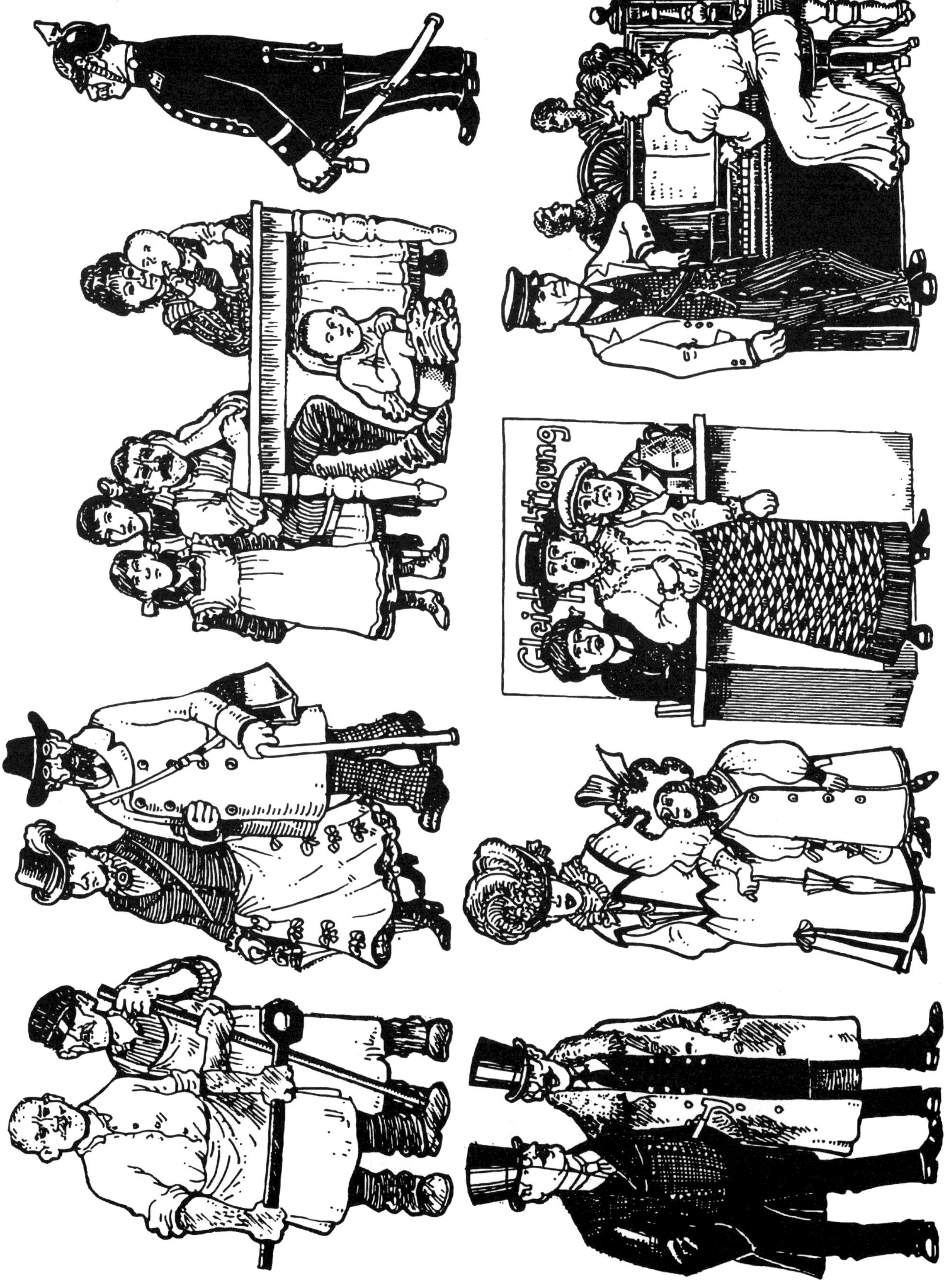

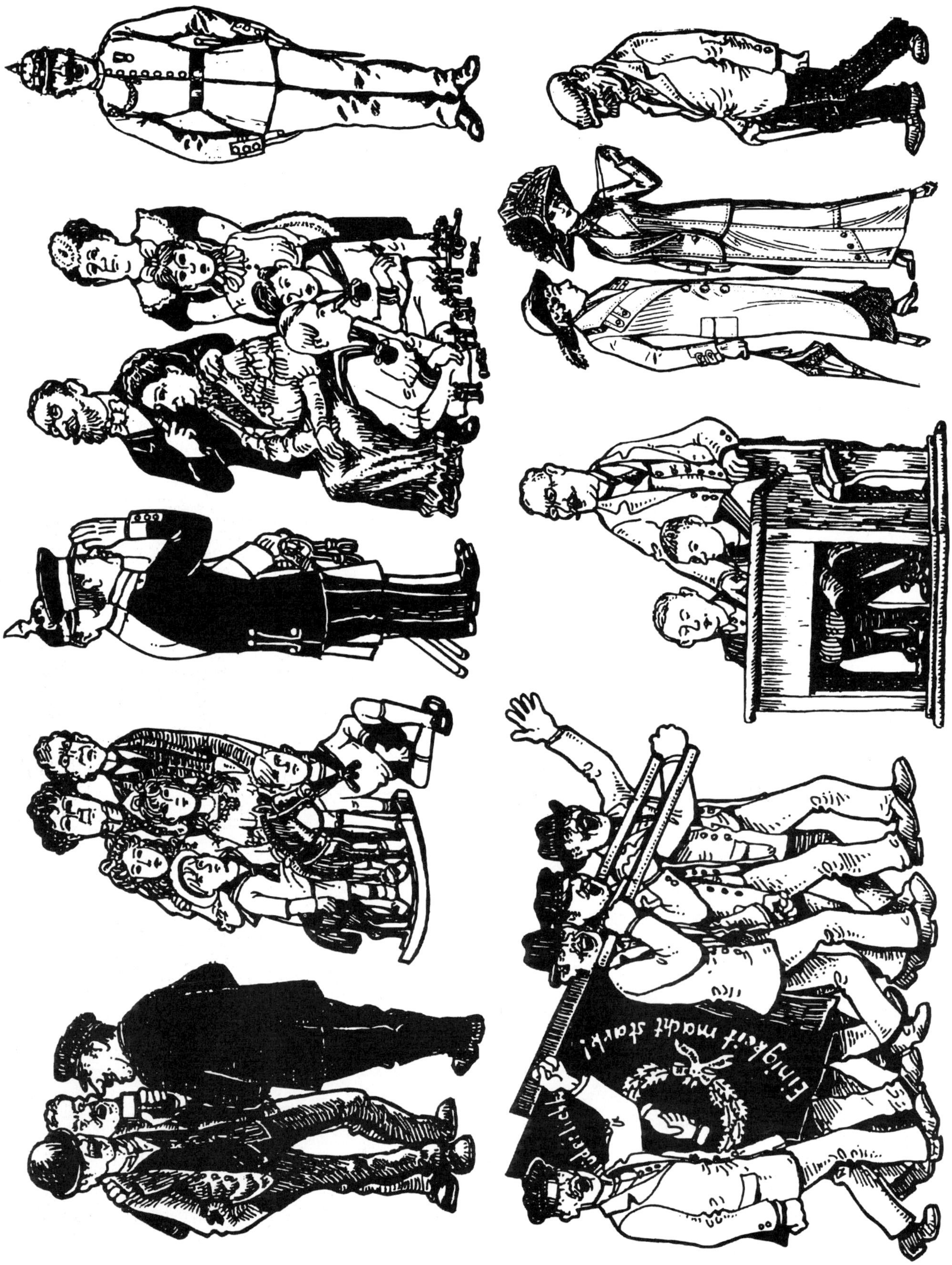
Einigkeit macht stark!

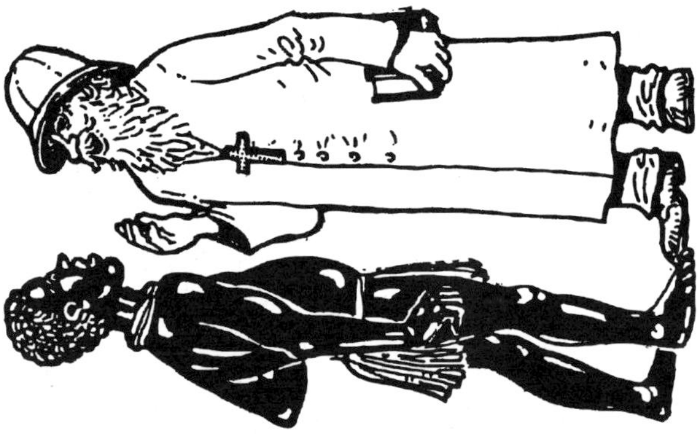

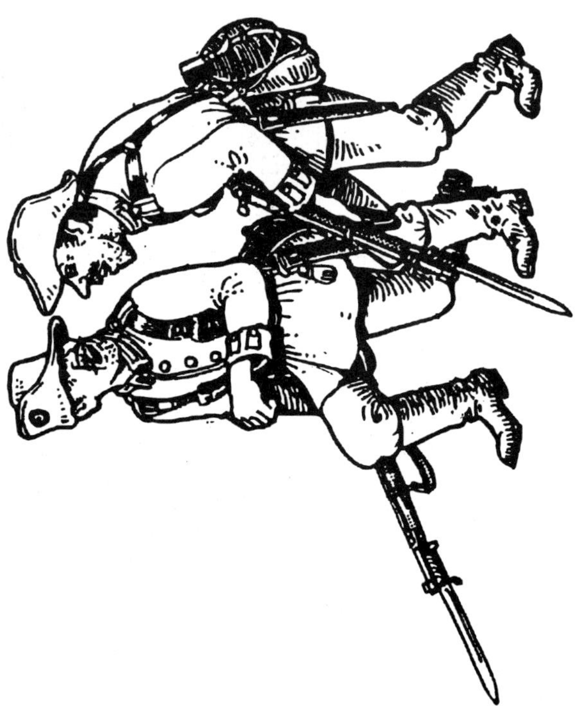

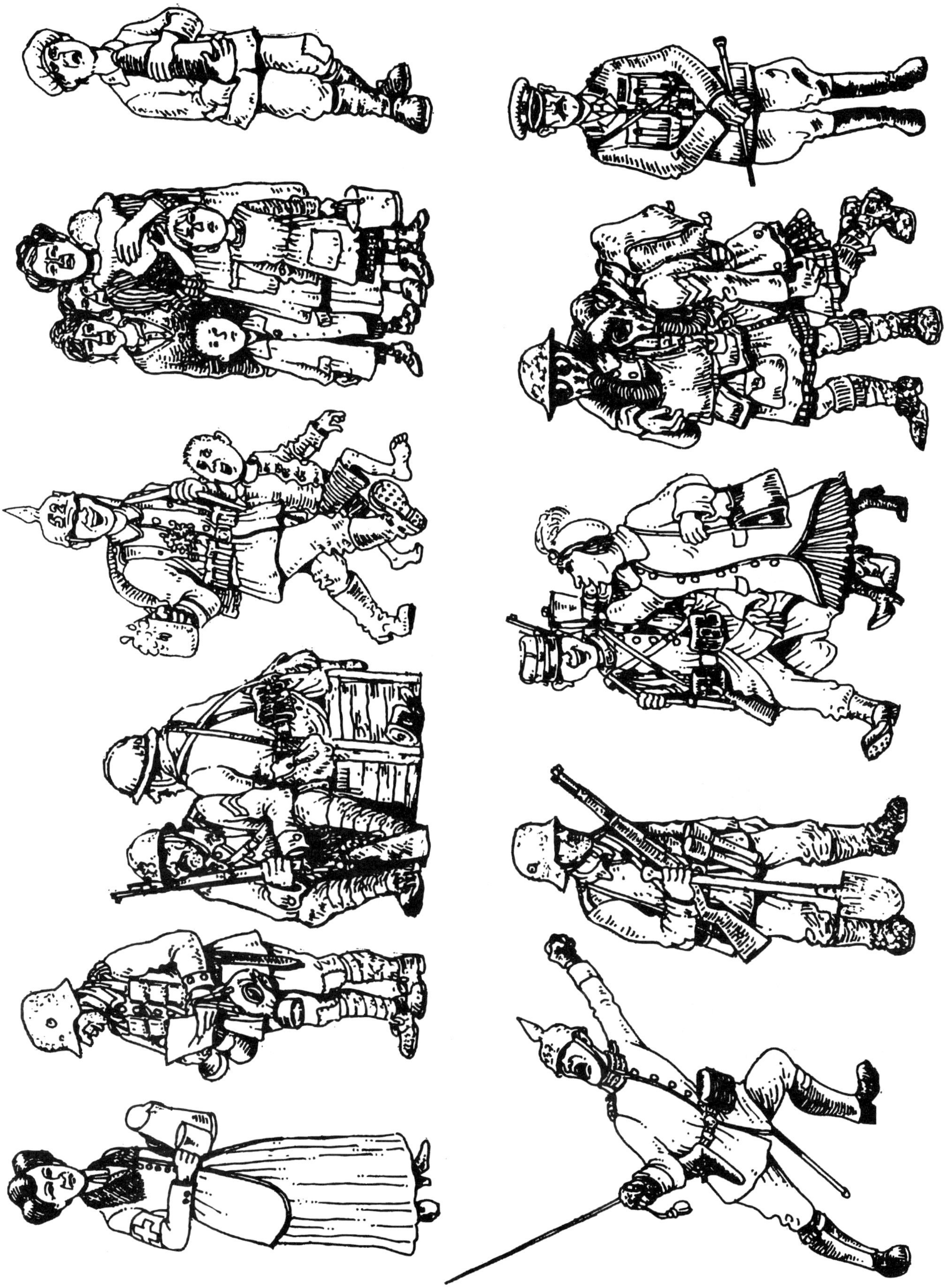

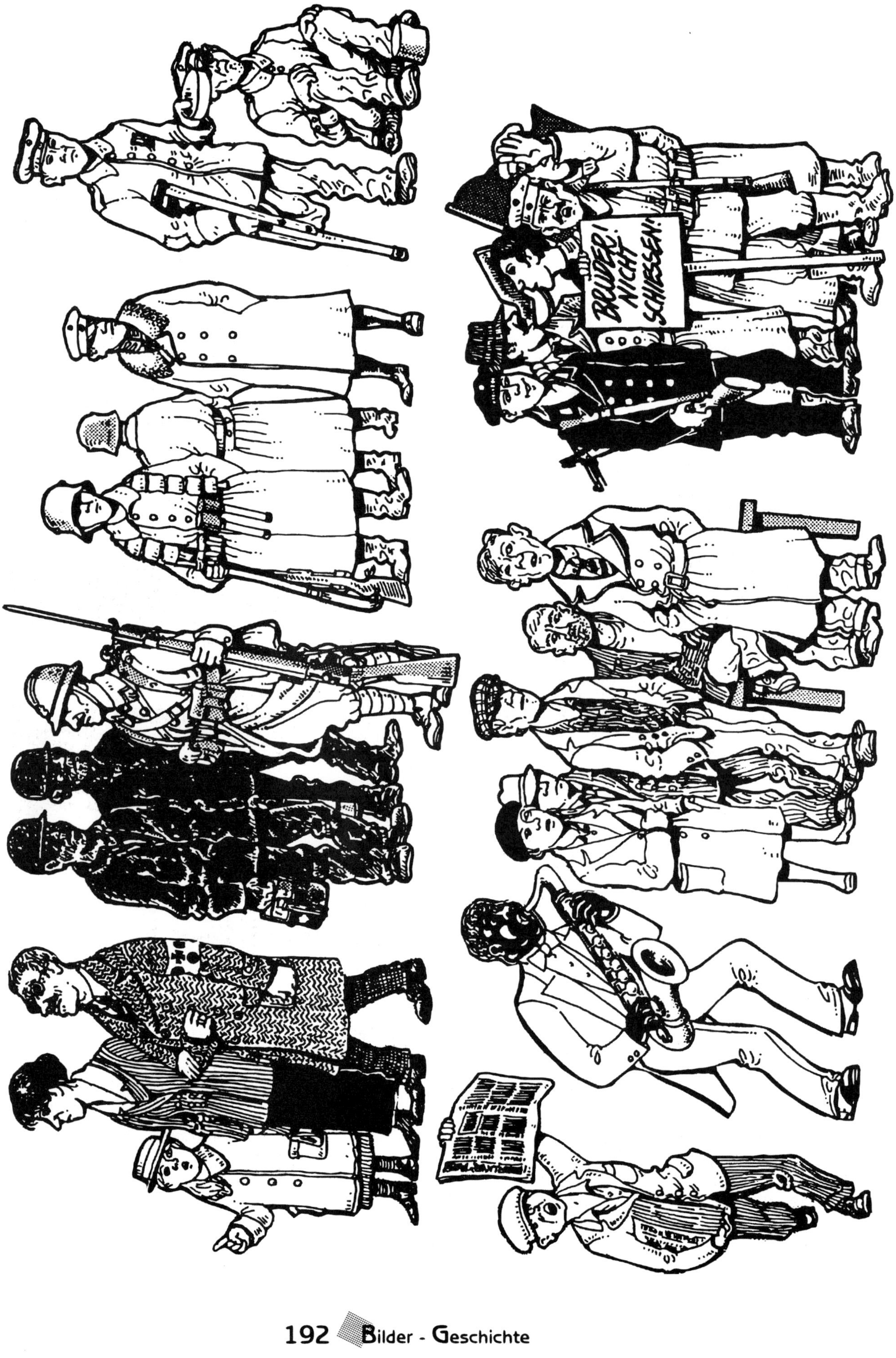
BRUDER! NICHT SCHIESSEN!

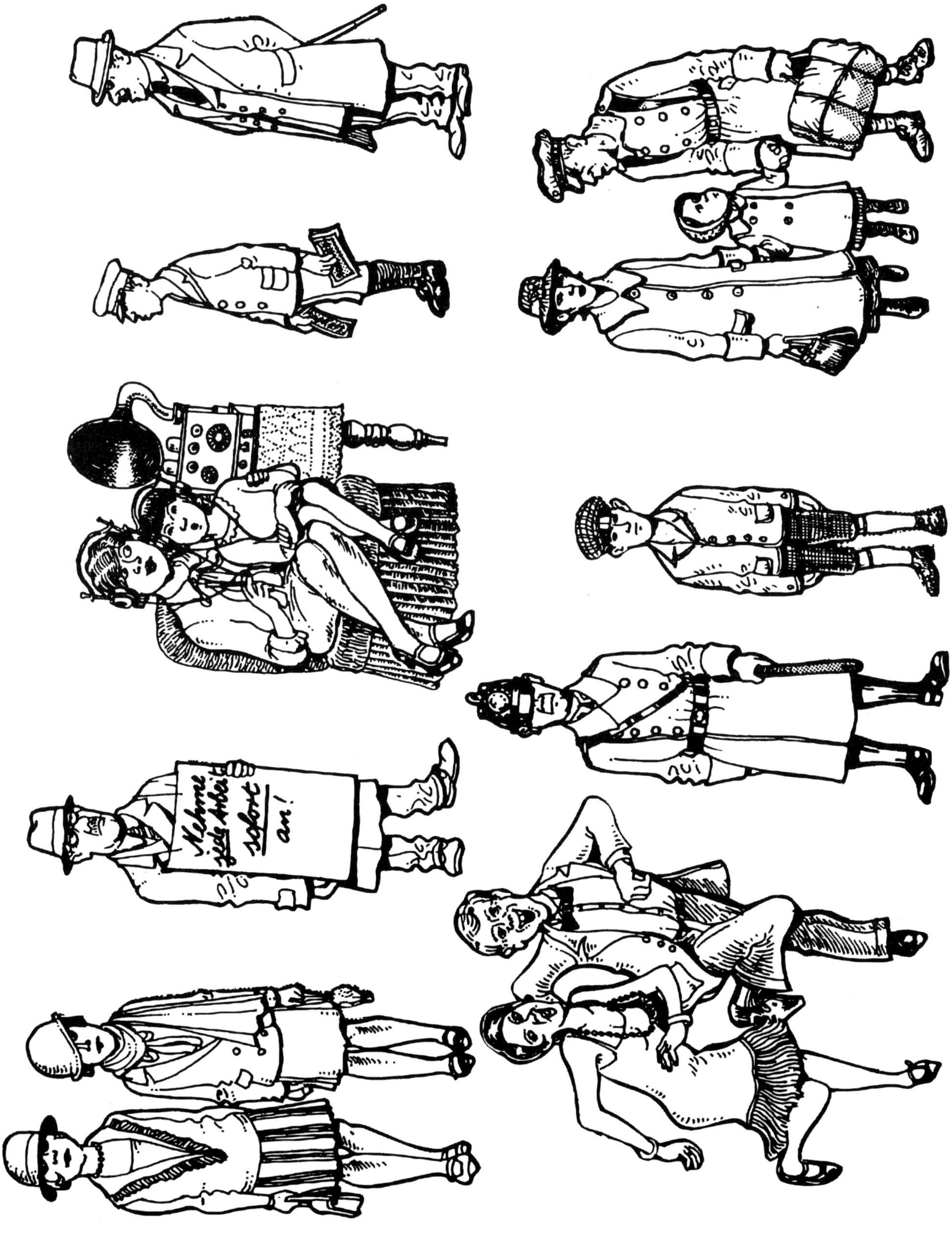
Nehme jede Arbeit sofort an!

Geld wird nicht mehr angenommen!
Eintritt:
Kinder 2 Briketts
Erw. 3 "

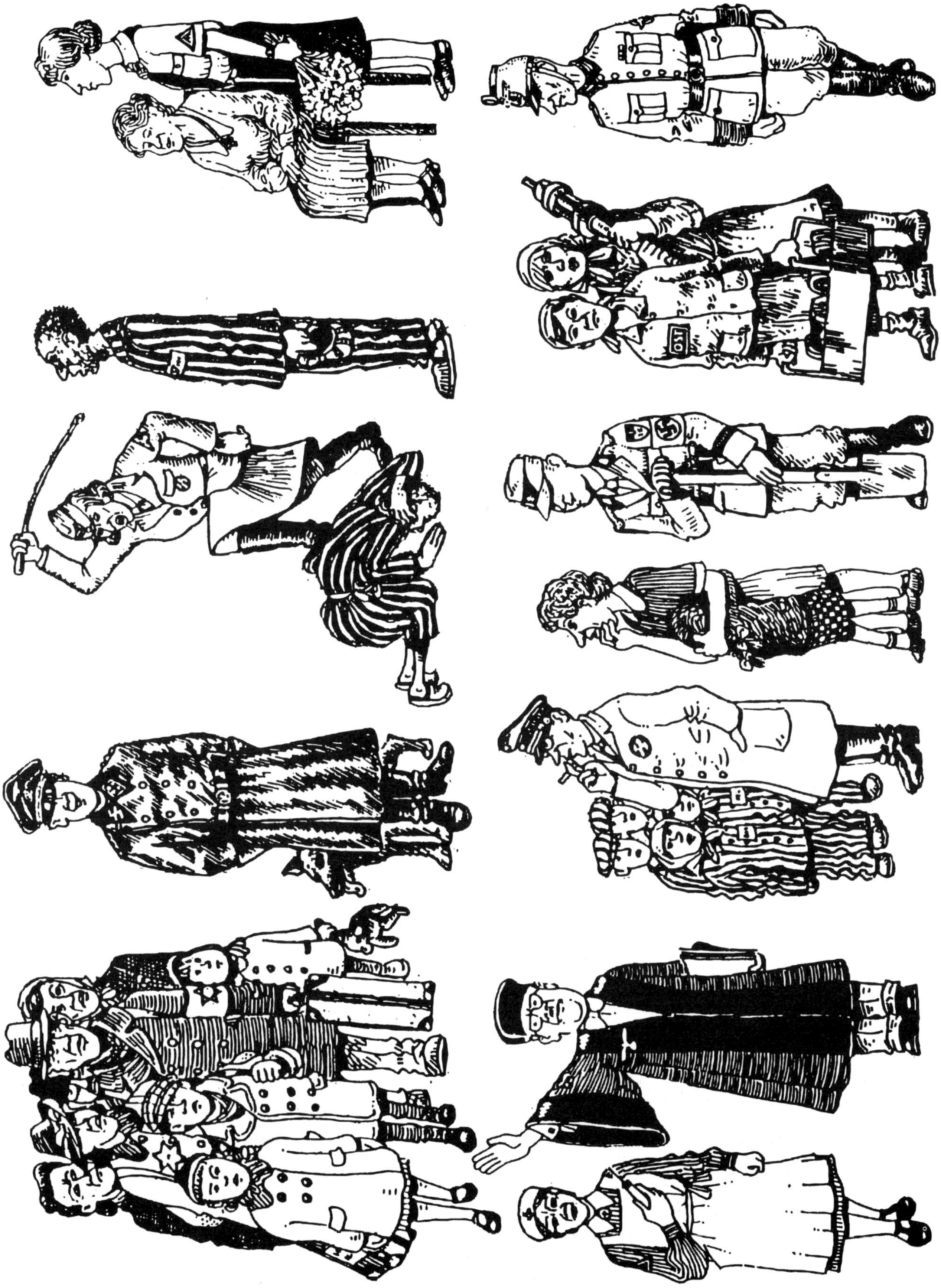

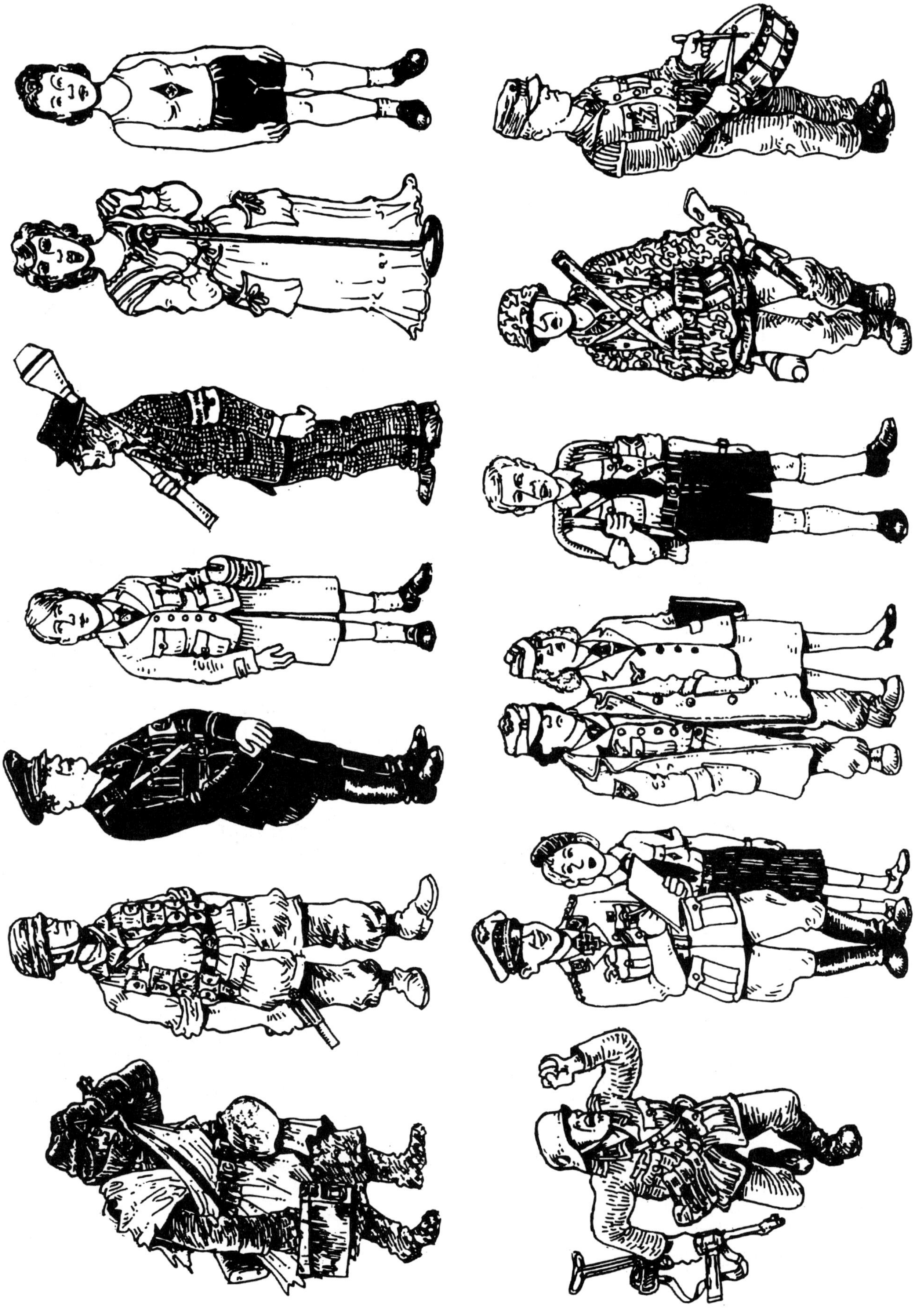

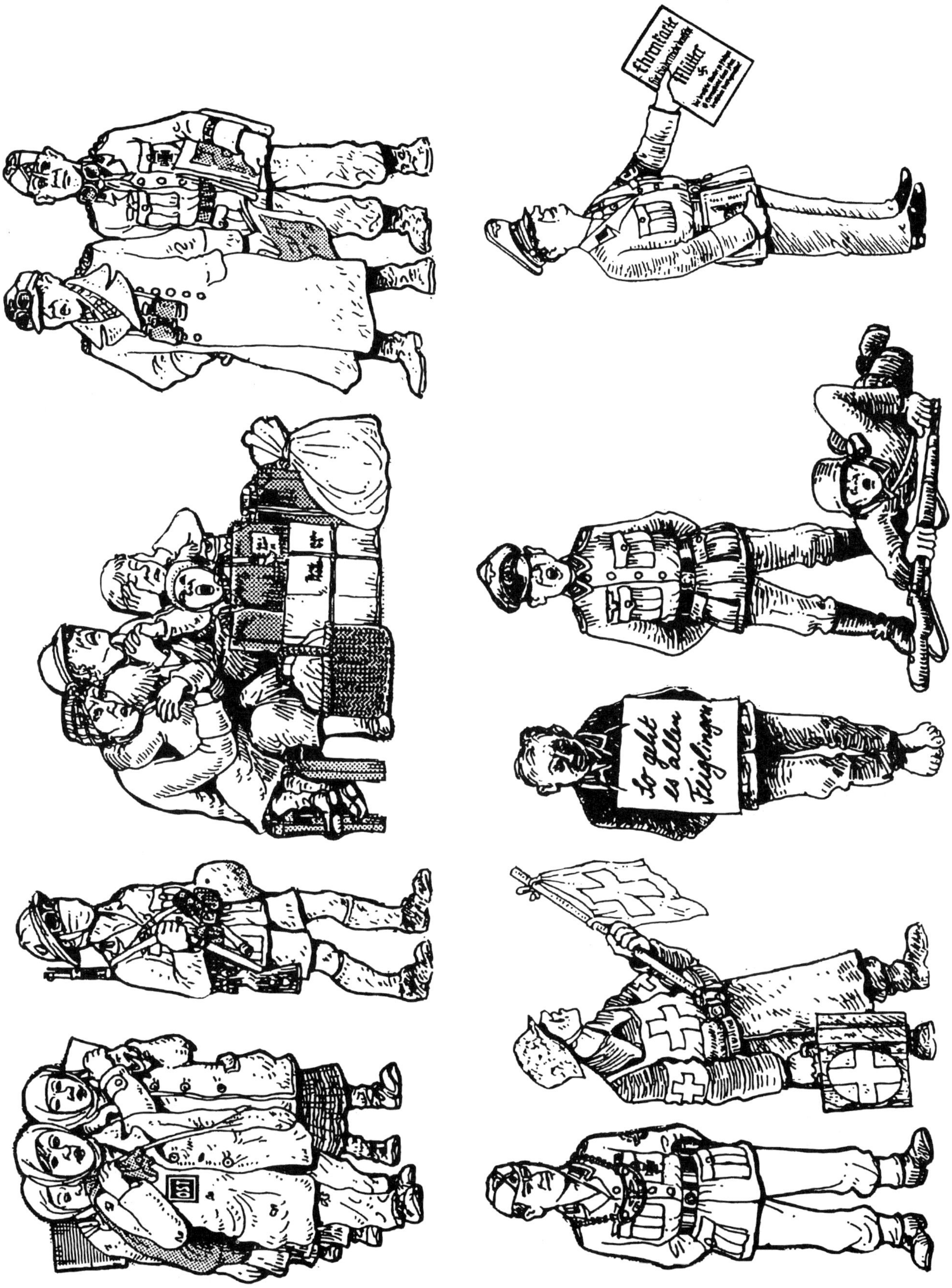
So geht es allen Feiglingen
OST

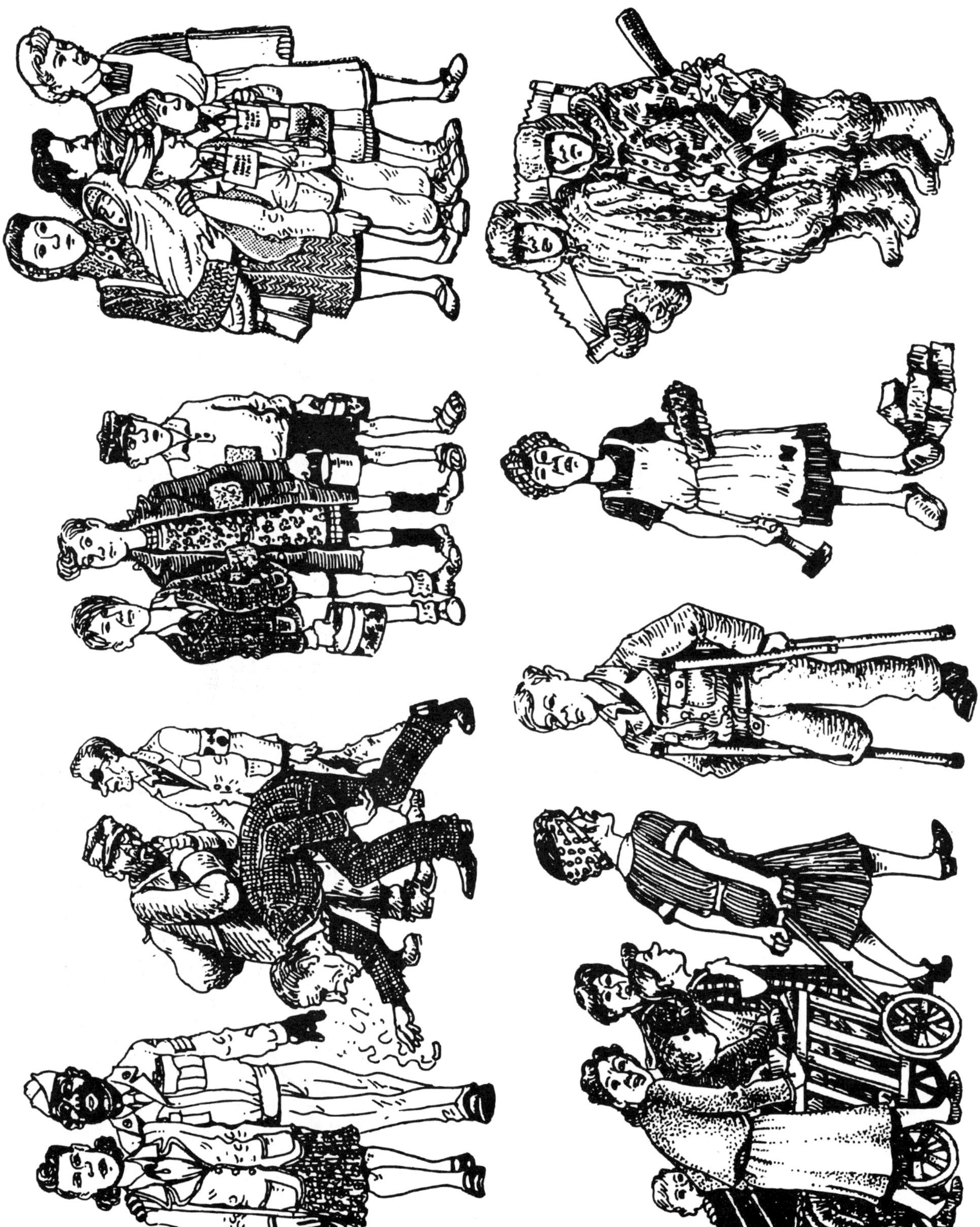